Zu diesem Buch

Als große Liebe zwischen Autor und Muse begann die Ehe von Zelda und F. Scott Fitzgerald. Er gelangte in den zwanziger Jahren als Schriftsteller zu großem Erfolg, sie war die Verkörperung des modernen Frauentypus, der die «roaring twenties» prägte. Im Laufe der Jahre sollte ihr Leben zum existentiellen Drama um Abhängigkeit und Distanz, Alkoholismus und Geldnot werden. Dennoch wurden Zelda und F. Scott Fitzgerald mit ihren Texten und ihrer Lebensart zu Idolen einer ganzen Generation.

Die Autorin

Kyra Stromberg, geboren in Moskau, wuchs in Hamburg und Berlin auf. Sie lebt als Kritikerin, Essayistin, Übersetzerin und Buchautorin in der Nähe von Freiburg im Breisgau. Aus ihrer anhaltenden Beschäftigung mit der klassischen angelsächsischen Moderne entstand die erste deutsche Biographie der amerikanischen Dichterin Djuna Barnes (1989).

Kyra Stromberg

Zelda
und
F. Scott Fitzgerald

Ein amerikanischer Traum

Rowohlt Taschenbuch Verlag

PAARE Herausgegeben von Claudia Schmölders

Einmalige Sonderausgabe Oktober 1998

Veröffentlicht im Rowohlt Taschenbuch
Verlag GmbH, Reinbek bei Hamburg,
Oktober 1998
Copyright © 1997 by
Rowohlt · Berlin Verlag GmbH, Berlin
Alle Rechte vorbehalten
Umschlaggestaltung Notburga Stelzer
(Fotos: Princeton University Library)
Gesamtherstellung Clausen & Bosse, Leck
Printed in Germany
ISBN 3 499 22539 5

Inhalt

Vorbemerkung	7
F. Scott Fitzgerald 1896–1918	13
Zelda Sayre 1900–1918	30
Hintergrund einer Love-Story: Krieg	40
«Diesseits vom Paradies» oder Die Hochzeit	48
Das Paar oder Das erfundene Leben	72
Europa: Freunde, Helfer, Widersacher	98
Wahn und Wirklichkeit: Die Konkurrenten	122
Zwiespalt und Zusammenbruch: Die Getrennten	138
Das letzte Feuer	164
Literaturhinweise	187
Bildnachweis	191
Danksagung	191

In memoriam W. D. für A.

Vorbemerkung

Die Geschichte des Paares, von dem hier die Rede sein soll und die in den Anfängen dieses Jahrhunderts in Amerika spielt, ließe sich als Unterhaltungsroman der seichteren Sorte ankündigen, die jedenfalls auf ein Happy-End hoffen läßt. Etwa so: An einem heißen Sommerabend besucht die verwöhnte Tochter aus gutem Hause, gerade achtzehn Jahre alt, wie so häufig den Sonnabend-Ball im Country Club einer südstaatlichen Provinzstadt. Wie immer ist die Schönste der Schönen umschwärmt von Freunden und Verehrern, die auf ein Wort, einen Blick, vielleicht auf den nächsten Tanz hoffen.

Ohne daß sie es ahnt, hat ein junger Mann die Szene betreten, der ihr Leben bestimmen wird – wie sie seins. Auch er ist strahlend schön, und die maßgeschneiderte Leutnantsuniform steht ihm blendend. Mit anderen jungen Leuten seines Jahrgangs wartet er in einem nahe gelegenen Camp auf seinen Einsatz im europäischen Krieg und versucht, sich die Zeit bis dahin vergnüglich zu vertreiben. Auch er kommt aus der amerikanischen Provinz, aus dem nördlichen Mittelwesten, hat an einer der Eliteuniversitäten im Osten des Landes studiert und ist, wie man hört, ein angehender Schriftsteller, der schon einiges veröffentlicht hat. Er gibt sich selbstbewußt, und als er die junge Schöne mit ihrem Tänzer entdeckt, unterbricht er siegesgewiß den Tanz und fordert sie auf, noch mit ihm auszugehen. Gewöhnt, selbst den Ton anzugeben, kontert sie: Mit jemandem, der es so eilig habe, treffe sie keine Verabredungen, schon gar nicht so spät. Liebe auf den ersten Blick ist es offenbar nicht, aber sie ist beeindruckt. Die Geschichte nimmt ihren Lauf: Er bemüht sich heftig um sie, wenn auch meistens aus der Entfernung von New York, wo er Geld zu verdienen versucht. Nach einer längeren Liebesbeziehung mit einigen Zwischenfällen heiraten sie – beide blutjung – in New York und werden das «Traumpaar» ihrer Generation.

Wie heißt es im Märchen? «... and they lived happily ever after»: «... und wenn sie nicht gestorben sind ...»

Der Schluß ist falsch. Es ist kein Märchen. Es handelt sich auch nicht um den Klappentext zu einem rührenden Unterhaltungsroman, sondern um die gelebte, verwirrende, weithin leidensvolle und zudem vielfältig reflektierte wirkliche Existenz von zwei Menschen: Scott Fitzgerald und Zelda Sayre. Das Besondere ist, daß diese Wirklichkeit wie ein Roman gelebt wird, daß die Protagonisten zugleich ihre eigene Erfindung sind, Vorbild und Abbild in einem. Und das Mittel, mit dem dieser Austausch in Szene gesetzt wird, ist das Schreiben, ist eine «neue Literatur», von der nicht nur Fitzgerald, sondern alle jungen Intellektuellen der zwanziger Jahre geradezu besessen sind. Gelegentlich entgleitet den Zauberlehrlingen der magische Besen, oder sie vergessen berauscht den Zauberspruch, durch den sich aus dem erfundenen Leben die Wirklichkeit wiederherstellen ließe.

Die Magie, die das «Traumpaar» Scott und Zelda Fitzgerald auf ihre Zeit- und Altersgenossen ausübt, ist – zumindest in den glanzvollen Anfängen – unglaublich. Eine ganze Generation findet sich wieder in den Figuren der ersten beiden Romane und frühen Stories von Scott Fitzgerald, erkennt sich in der Art, wie sie reden, was sie tun und denken, wie sie sich verhalten. Fasziniert beobachtet sie die von Reklame und Presse gespiegelten und beflügelten, so glanzvollen wie schockierenden öffentlichen Auftritte ihrer Idole.

Der erste große Schritt in die «publicity», in die totale Veröffentlichung der Person, wird in diesen Jahren in Amerika getan, in New York. Lebensverändernde, berauschende Requisiten der Epoche sind das Auto und das Telefon, der Film und das Flugzeug – harmlose Oldtimer in den Augen der Heutigen. Das Kennwort heißt Tempo, Verkürzung der Distanz, Mobilität. Schnelligkeit in jedem Sinne und um jeden Preis: rascher Erfolg, Ruhm, Reichtum. Alle wollen mitspielen in diesem aufregenden Gesellschaftsspiel, und die Fitzgeralds erscheinen als Meister darin. Eine gefährliche Anmaßung: Im hinreißenden Übermut ihrer Schönheit, ihrer Talente und ihrer Jugend füttern sie ein Wunschbild der Epoche mit ihrer lebendigen Substanz, geben sie für flüchtige Inszenierungen ihrer selbst ihre eigene Wirklichkeit stückweise her. Bis der Vorgang sich nicht mehr umkehren läßt und die authentischen Kräfte erschöpft sind.

Was übrigblieb ist erstaunlich genug: von Scott Fitzgerald fünf große Romane und eine fast unabsehbare Fülle von Stories, dazu essayistische Arbeiten und die umfangreiche Korrespondenz. Seit den großen Erfolgen bis Mitte der zwanziger Jahre fanden seine Bücher eine wechselvolle Rezeption: fast vergessen in den Jahren nach seinem Tod, dann immer neue «Renaissancen» seit den sechziger Jahren. Seit 1992 wird in Amerika an der ersten kritischen Gesamtausgabe gearbeitet. Bei uns ist sein Werk in verschiedenen Verlagen unvollständig erschienen; den größten heute erreichbaren Anteil daran hat die Taschenbuchausgabe des Diogenes Verlags.

Was Zelda Fitzgerald zu sagen hatte, findet in dem 1991 von Matthew J. Bruccoli, dem Fitzgerald-Experten und -Exegeten herausgegebenen Band, auf 480 Seiten unvollständig Platz: ihr einziger Roman, ein knappes Dutzend Stories, ein Theaterstück, eine Reihe Artikel und Rezensionen und – leider nur – ihre Briefe an Scott. Im Umfang (und in dem, was ihre Arbeiten einbrachten) kein Vergleich mit Scott Fitzgeralds Produktivität und Erfolg. Ohne Zweifel, er war das größere, das eindeutiger definierte Talent. Manche hielten ihn für ein Genie. Was von Zeldas Einfällen, Beobachtungen und persönlichen Aufzeichnungen, was von ihrer sprachlichen Originalität und menschlichen Unabhängigkeit, was von ihrer vielfältigen Person in sein Werk eingegangen ist, läßt sich – trotz neuerer Versuche, es im einzelnen nachzuweisen – wohl doch nur vermuten.

Außer Scott Fitzgerald selbst war Zelda sein liebstes Modell. Er hat es unumwunden zugegeben. Bereits 1921 bekennt der gerade mit seinem ersten Roman hervorgetretene junge Autor in einem Interview: «Ich habe in der Tat die Heldin meiner Romane geheiratet.» Den «Flapper» nämlich, den «smarten», unerschrockenen und neuen Typ Frau, den er in Zelda fand, den er «erfand», und den sie spielte, damit er ihn literarisch wieder verwenden konnte. Ein komplizierter, ein – für sie – lebensgefährlicher Prozeß.

Kaum ein anderes amerikanisches Schriftstellerleben aus der Zeit nach dem Ersten Weltkrieg läßt sich so präzise belegen wie das von Scott Fitzgerald. Weitaus weniger jenes von Zelda.

In den meisten der frühen Biographien des Autors hat sie eine, wenn auch wichtige, Nebenrolle, erscheint sie fast ausschließlich auf ihn bezogen. Einige der – meist männlichen – Biographen sahen vor allem in ihr die Ursache für den Ruin seines Talents und grollten ihr. Erst in den Arbeiten von Nancy Milford und Sara Mayfield Anfang der siebziger Jahre tritt sie als eigenständige Person in Erscheinung.

Auch Scott Fitzgerald ist bei seinen Freunden und Biographen als Charakter keineswegs unumstritten. Aber sein Talent ist von Anfang an erkennbar, beachtet, anerkannt, vielfach reflektiert. Und er hat das Seine getan, sich auch für die Nachwelt zu verdeutlichen. Seit frühester Jugend führte er Tagebücher, in denen er aufregende Vorkommnisse eintrug, immer die Hauptrolle spielte – gelegentlich in Dialogform – und in Listen seine Beobachtungen von Menschen, Dingen und äußeren Umständen, belauschte Gespräche, Gedankensplitter notierte – ein bemerkenswert früh ausgeprägter Drang, das Leben zu ordnen und sich darin einen Platz zu sichern. Schon seine ersten Aufzeichnungen in seinem «Thoughtbook» – dem «Gedankenbuch», das er mit fünfzehn Jahren anlegte – zeigen ihn, wie sein Biograph Matthew Bruccoli anmerkt, als einen, «für den eine Erfahrung erst wirklich wurde, wenn er sie aufschrieb». Ein unverkennbares Merkmal des «geborenen» Schriftstellers und natürlich auch des Egomanen, des «romantischen Egozentrikers», wie er sich und seinen ersten Romanhelden kennzeichnete.

Etwa gleichzeitig mit seiner literarischen Karriere 1919/20 beginnen auch die Eintragungen im «Ledger», eine Art Kontobuch mit Soll und Haben, das er bis Ende 1937 führte. Er teilt es in fünf Rubriken ein: seine literarischen Hauptarbeiten (Romane und Stories, mit Datum und Erscheinungsort); seine Einnahmen durchs Schreiben; vermischte kleinere Publikationen (und ihre Erträge), Zeldas Einnahmen und schließlich eine skizzenhafte Darstellung seines Lebens. Auch in den chaotischsten Zeiten – auf dem Höhepunkt seines Alkoholismus und der schlimmen Auseinandersetzungen mit Zelda – setzt er die Eintragungen wie ein penibler Buchhalter fort: der beklemmende Versuch eines Menschen, der mit Geld nicht umgehen kann, das Leben zu meistern. Dieses «Kontobuch» ist ein sachliches und auch menschliches Dokument ersten Ranges. Nichtverwendete, aber noch verwertbare Partien seiner Arbeiten wurden mit anderen Gedankennotizen – auch aus Zeldas Tagebüchern und Briefen! – in seine «Notebooks» übernommen. Alle diese Versuche des Sammelns und Ordnens demonstrieren auch das immer wieder angefochtene Gefühl seiner eigenen Bedeutung als Schriftsteller, die Überzeugung, in mehr als einer Hinsicht exemplarisch zu sein.

Bei Zelda findet sich nichts Vergleichbares. Ihre Tagebücher gingen sehr bald schon in Scotts Besitz über. Ihre

Briefe, die viel von ihrer Originalität mitteilen, sind auf verschiedene Korrespondenzen verstreut. Erst während der letzten fünfundzwanzig Jahre hat sich ihre biographische wie ihre literarische Existenz komplettiert – ganz gewiß auch unter dem Einfluß der neuen Frauenbewegung. Dieser sind auch die beiden genannten Biographien und eine Anzahl neuerer Einzeluntersuchungen zu danken, die sich mit der ihr zugedachten Rolle und ihrer wahren Person befassen.

Einen erheblichen Anteil an der Korrektur und Vervollständigung ihres Bildes hat die Tochter Scottie Fitzgerald Lanahan Smith, das einzige Kind aus dieser Verbindung. Abgesehen von Einführungen zu Textausgaben und zu Ausstellungen von Zelda Fitzgeralds späten Bildern und von beratender Mitarbeit, hat sie zusammen mit M. J. Bruccoli aus zahllosen Details – persönlichen Äußerungen, Tagebuchnotizen, Briefen, Fotos – ein anschauliches «Sammelalbum» («The Romantic Egotists») zusammengestellt – ein einzigartiges «Abbild» des Lebens ihrer Eltern.

Hier wird der Versuch unternommen, ohne beschönigende Voreingenommenheit oder verstimmte Schuldzuweisung zu verstehen, wie Charakter und Talent, persönliche Hintergründe und Lebensumstände, die historische Stunde und das Schicksal zusammenwirkten, um aus Scott Fitzgerald und Zelda Sayre ein Paar zu machen – und es zu zerstören.

F. Scott Fitzgerald
1896–1918

Am 24. September 1896 wird in St. Paul, Minnesota, im Norden des Mittelwestens, Francis Scott (Key) Fitzgerald geboren. Er ist das erste Kind nach dem rasch aufeinanderfolgenden Tod zweier Schwestern, noch dazu ein Sohn, und so der besonderen Aufmerksamkeit der Eltern sicher. Der Vater ist in Scotts späteren Beschreibungen und auf Fotografien ein stiller, gutgekleideter Gentleman. Irischer Abstammung, katholisch und, wie man ihm nachsagt, ein Mann von nobler Gesinnung und guten Manieren, erweist er sich aber schon früh als Versager in der harten amerikanischen Geschäftswelt des ausgehenden 19. Jahrhunderts. Die Mutter, Mollie, geborene McQuillan – auch sie irisch-katholischer Herkunft –, kommt aus einer robusten Aufsteigerfamilie von erfolgreichen Lebensmittelgroßhändlern, einst arme irische «Kartoffelesser», wie Scott Fitzgerald sie abschätzig einstufen wird. Während Scotts Kinder- und Jugendjahren ist die Familie dauernd unterwegs – pro Jahr ein Umzug ist nichts Ungewöhnliches.

Sie wechselt zwischen dem provinziellen Mittelwesten und dem feineren weltläufigeren Osten, aus dem die führenden Familien – sozusagen die Aristokratie der demokratischen Neuen Welt – stammen. Ihr durch die Herkunft der väterlichen Familie aus New England anzugehören, ist schon dem jungen Scott wichtig, und er legt auch Wert darauf, mit dem Schöpfer der amerikanischen Nationalhymne «The starspangled Banner» von 1814 (daher sein Zuname «Key») verwandt zu sein, allerdings nicht ganz so direkt, wie er gern behauptet.

Nachdem das kleine Korbmöbelunternehmen des Vaters im wirtschaftlichen Krisenjahr 1897 gescheitert ist und er knapp zehn Jahre später auch seinen Job als Vertreter einer Seifenfirma in New York verliert, flüchtet die Familie zurück in den Mittelwesten, nach St. Paul. Dort lebt sie von da an vor allem vom Vermögen der begüterten Großmutter Louisa McQuillan, die ihrem Schwiegersohn auch eine bescheidene Tätigkeit im Lebensmittelgroßhandel verschafft. Scott erfährt die soziale Deklassierung der Familie, elfjährig, als Schock. Er habe, erinnert er sich, damals darum gebetet, «daß sie nicht alle ins Armenhaus müßten». Davon allerdings konnte nicht die Rede sein.

In St. Paul ist der Norden zu spüren: Urgestein, unerschöpflich viel Wasser und eine klare Luft, die vom Eismeer kommt. Noch in Scotts jungen Jahren gibt es den großen Winter-Jahrmarkt und als dessen Hauptattraktion den «Eispalast», über den eine hintergründige Geschichte in seinem ersten Storyband «Flappers and Philosophers» (1920) erscheint.

Die Region ist altes Indianerland, «erworben» durch zum Teil fragwürdige Verträge. Noch 1862, als die Stadt St. Paul bereits 10 000 Einwohner zählt, schlagen die Sioux in einem gewaltigen Massaker zurück, das die Bewohner der abgelegenen Besitzungen hoch über dem Fluß noch jahrelang ängstigt.

Hier in der Gegend kamen im 18. Jahrhundert die Schiffe auf der Suche nach der berühmten Nord-West-Passage vorbei. Hier ganz in der Nähe wird der Mississippi schiffbar – eine nahezu ideale Lage für einen Handelsplatz, der sich im 19. Jahrhundert rasch entwickelt: Felle und Lederwaren sind die ersten Produkte, Lebensmittel- und Textilgroßhandel folgen, Banken entstehen – private und später eine staatliche. Und früh auch ein historisches Bewußtsein. 1849 wird St. Paul die Hauptstadt – richtiger vielleicht der Zentralort – der Region, die nun Minnesota heißt. Im gleichen Jahr bildet sich eine «historische Gesellschaft». (Heute manifestiert sich das Interesse für die eigene Vergangenheit in dem «Living Historical Museum», einem bemerkenswerten postmodernen Neubau mit umfangreicher Bibliothek und höchst aktivem Forschungszentrum für die Stadt- und Landesgeschichte, einschließlich Denkmalpflege.) Die Stadt ist von Anfang an gut mit «Bildungsanstalten» aller Art und Provenienz versorgt: Schulen, Colleges, Seminaren; Gründungen der Bürgerschaft und der verschiedenen hier seßhaft gewordenen Konfessionen, unter denen der Katholizismus eine starke Position hält. Es gibt also auch kulturelle, nicht nur kommerzielle Interessen.

Den höchsten wirtschaftlichen und gesellschaftlichen Glanz erreicht St. Paul in den achtziger Jahren: Es wird Ausgangspunkt der Great Northern Railway, der Bahnstrecke, die den Nordwesten Amerikas erschließen soll. Ein Werk des großen Eisenbahnpioniers James Jerome Hill.

Gleich am Eingang der Summit Avenue, der repräsentativen Hochstraße, die das Felsplateau über dem halbkreisförmigen Mississippibogen in einer Länge von etwa sechs Kilometern überquert, ziemlich genau gegenüber der monumentalen, St. Peter in Rom «nachempfundenen» Kathedrale, steht der immer noch beeindruckende Palast, den er 1887 mit modernstem technischem Aufwand, in großzügigen Raumproportionen und mit handwerklich vorzüglichen Details für sich und seine umfangreiche Familie erbauen ließ: zweiunddreißig Wohn- und Schlafräume, Gästezimmer und – im obersten Stock – gut ausgestattete Zimmer für das Hauspersonal; vier Badezimmer, ein Speisenaufzug aus der im Souterrain gelegenen Küche, ein Ballsaal und eine Kunstgalerie mit Deckenlicht! Und man darf sich das alles nicht in der musealen Leere von heute vorstellen, sondern die Räume erfüllt von glanzvoller Geselligkeit und die Avenue belebt von Flaneuren und Kutschen.

Zu beiden Seiten der Avenue schließt sich eine Reihe

Summit Avenue in St. Paul, Minnesota, um 1916 – die repräsentative Straße hoch über der Stadt mit den eleganten Häusern der Arrivierten, an deren weniger elegantem Ende F. Scott Fitzgerald als Achtjähriger wohnte.

mehr oder minder anspruchsvoller Wohnhäuser in großen baumbestandenen Gärten an, die sich im letzten Jahrhundertdrittel die erfolgreichen und prosperierenden Zuzügler – zunächst aus dem amerikanischen Osten, dann aus Deutschland, Irland, den skandinavischen Ländern und sogar aus Südeuropa – in allen Stilen des Historismus errichteten: Renaissancevillen, Barockschlößchen, klassizistische Herrenhäuser aus dem Baumusterkatalog und Mehrfamilienhäuser, wie sie Louisa McQuillan besitzt.

Das Ganze – ähnlich wie das gründerzeitliche Grunewaldviertel in Berlin – eine «gute Adresse», auch heute noch. Allerdings hat die Summit Avenue ein «besseres» und ein weniger gutes Ende. Der für gesellschaftliche Nuancen hochempfindliche junge Scott kennt den Unterschied bald sehr genau.

Aus einem der zahlreichen von ihm bewohnten Häuser, Summit 599, in dem er seinen ersten Roman überarbeitet, schreibt er 1919 in einem Brief an eine Freundin:

«In einem Haus unter dem Durchschnitt
in einer Straße über dem Durchschnitt
in einem Zimmer unterm Dach
mit einer Menge um die Ohren ...»

Sein späteres Urteil über dieses ganze Summit-Ensemble ist gnadenlos. In einer ironischen Passage seiner «Notebooks» nennt er dieses Schaustück des wirtschaftlich reüssierenden Mittelwestens «ein Museum für die mißratene Architektur Amerikas». Es ist die Reaktion des «Modernen» auf den «falschen» Anspruch der großbürgerlichen Baugeste und als solche durchaus zeitgemäß. Aber es ist auch Ausdruck für sein Gefühl des Zukurzgekommenseins, des ihm Vorenthaltenen.

Immer fühlt er sich als armer Junge unter den Reichen, obgleich die wohlhabenden Nachbarn es den hübschen, begabten Jungen wohl gar nicht so sehr fühlen ließen. Aber gerade sein gutes Aussehen (dem die Mutter mit tadelloser Kleidung nachhilft), seine lebhafte Begabtheit und eben die Unsicherheit über seinen sozialen Standort bestärken ihn in seinem Ehrgeiz, es den anderen mindestens gleich zu tun, sie aber möglichst zu übertrumpfen.

Die Spannung, die aus den so verschiedenen Elementen seines Herkommens wächst, kann er nie ganz überwinden. Die Abhängigkeit von der Familie der weniger geliebten Mutter – er findet sie nachlässig in ihrem Äußeren, penetrant im Wesen und läßt sich nicht gern mit ihr sehen – und der aus der nobleren Herkunft des Vaters abgeleitete Anspruch machen ihn unsicher und arrogant gegen seine Altersgenossen und fast in allen Kreisen seines jugendlichen Umgangs – von der Schule über Feriencamps bis zur Universität – unbeliebt. Vielleicht gerade, weil er es so sehr darauf anlegt, «anzukommen», und immer die falschen Mittel einsetzt: Er schlägt das Pfauenrad, wo immer es geht, er brüstet sich mit Kenntnissen, die er nicht hat. Er ist der notorisch schlechte «begabte Schüler» in der renommierten St. Paul's Academy und wechselt auf Wunsch seiner Eltern in die katholische Newman School in Hackensack, einige Kilometer nordwestlich von Midtown Manhattan, über, von der man sich eine günstige Wirkung auf seinen Fleiß und Lerneifer erhofft. Aber ihn interessieren, außer der Anerkennung durch die andern, eigentlich nur seine eigenen Neigungen, und die zielen deutlich aufs Schreiben. Auch das wird ihm zum Mittel, sich hervorzutun. Er schreibt den Mitschülern ihre wöchentlichen Aufsätze und trägt das meiste zur Schulzeitung bei. Er versucht im Football zu reüssieren, aber es gelingt nicht, er ist eben nicht sportlich. «Von Anfang an war er in der Newman School unbeliebt», schreibt ein Mitschüler, der ihn durchaus mochte, «zum Teil auch, weil man ihn wegen seiner Hübschheit für einen Weichling hielt, was durch seinen Mangel an körperlichem Mut noch verstärkt wurde.»

Aber dann heißt es: «Er war einfallsreich und hatte eine scharfe Beobachtungsgabe, einen überaus kritischen Geschmack und einen skeptischen Verstand.» Kein ganz schlechtes Zeugnis.

Die Jahre an der Newman School sind in ihrer Mischung aus Anpassung und Rebellion, trotz der Nähe zu New York und gelegentlichen Eskapaden dorthin, eine unglückliche Zeit: verloren für das, was er eigentlich möchte. Mit knapper Not schafft er es, in Princeton aufgenommen zu werden.

In dieser Zwischenzeit kümmert sich ein Mann um ihn, der seine große sprachliche Begabung erkennt und auch sonst von dem begabten schönen Knaben, seinem gelungeneren Alter ego, eingenommen ist: Es ist ein katholischer Priester mit vollem Namen Monsignor Cyril Sigourney Webster Fay, kurz Vater Fay, ein Mann von geradezu absurd häßlichem Äußeren: unförmig dick, kurzsichtig, mit schriller Stimme, aber von brillanter Intelligenz, hochgebildet, ein Kenner und Liebhaber der Weltliteratur – besonders des Fin de siècle: Huysmans, Wilde, Swinburne –, ein vorzüglicher Rhetor, ein Freund von gepflegter Gesellkeit, geistreichen Gesprächen und feineren Genüssen. Er nimmt väterlich-pädagogischen Anteil am jungen Scott – eine Beziehung, die zweifellos auch einen homoerotischen Touch hatte –, ermutigt seine Talente, fördert sein literarisches Interesse, erweitert seine Kenntnisse, stärkt seinen ins Wanken geratenen Glauben und ist insgesamt die wichtigste Person für Scott in den Mißlichkeiten einer schwierigen Pubertät. Fay führt ihn mit bedeutenden Leuten zusammen, wie dem bemerkenswerten Homme de lettres, Shane Leslie, einem weiteren Mentor Scotts, und erhält ihm seine Sympathie und seinen Rat auch, während Scott in Princeton ist und dann in der Armee.

In seinem ersten Roman, «This Side of Paradise», hat Fitzgerald ihn als Monsignor Darcy abgebildet. Da schreibt der Pater an Scotts Doppelgänger im Roman, Armory Blaine:

«Auf einige Deiner Charakterzüge wirst Du Dich verlassen können, aber Du solltest vorsichtig damit sein, sie anderen mitzuteilen. Du bist unsentimental, fast unfähig zur Zuneigung, scharfsinnig, ohne listig zu sein, und eitel, aber nicht stolz ... mit Sicherheit wirst Du Höhen und Tiefen kennenlernen, wie ich in meiner Jugend, aber behalte Deinen klaren Kopf, und wenn Narren oder Weise Dich zu kritisieren wagen, nimm es Dir nicht zu sehr zu Herzen ...» Fay-Darcy nährt gewiß das anerkennungsbedürftige Ego des jungen Mannes, aber er – so Narr wie Weiser – kritisiert ihn auch. Sein Tod 1919 trifft Scott hart.

Mit der Aufnahme in Princeton, damals wie heute eine der Prestigeuniversitäten Amerikas, ist ein Wunschziel erreicht: Fitzgerald gehört zu den «happy few», denen eine ausgezeichnete Bildung und Ausbildung winkt und deren gesellschaftlicher Status für immer befestigt scheint.

Princeton wird möglich durch das Erbe, das die Großmutter McQuillan ihrer Tochter Mollie bei ihrem Tode hinterläßt. Die finanzielle Frage der sozialen Gleichberechtigung scheint damit für Fitzgerald gelöst. Aber hier wiederholen sich die Erfahrungen, die er schon im Umgang mit seinen Mitschülern in St. Paul's Academy und in der Newman School gemacht hatte.

In seiner Wunschvorstellung ist Princeton «der vergnüglichste Country Club in Amerika», dem überwiegend aristokratische, gutaussehende, intelligente junge Müßiggänger angehören und wo man sich vor allem durch gute Leistungen im Football und durch gesellig-gesellschaftliche Fähigkeiten auszeichnen muß. Unerläßlich dafür ist die Zugehörigkeit zu einem der Clubs, besonders zum begehrten «Triangle Club», der sich mit alljährlichen – wenn auch nicht gerade avantgardistischen – Theateraufführungen hervortut. Da Scott schon im «Elizabethan Dramatic Club» in St. Paul (der nicht nach Shakespeares Zeitgenossin Königin Elizabeth von England,

Der fünfzehnjährige F. Scott Fitzgerald als – mittelmäßiger und wenig beliebter – Schüler der renommierten St. Paul's Academy: begabt, fatal hübsch, tief verunsichert über seinen gesellschaftlichen Rang und wild entschlossen, berühmt zu werden.

sondern nach der offenbar recht fähigen Leiterin des Clubs benannt war) mit vier Stücken Erfolg hatte, sieht er hier seine Chance. Seine schulischen Ergebnisse allerdings sind so mager, daß er zunächst ein Aufnahmeexamen machen muß. Es sei zu vermuten, daß die Prüfer ein Auge zudrückten, meint einer seiner Biographen, weil die Prüfung gerade am 24. September 1913 vor sich ging – Scotts siebzehntem Geburtstag.

Dem glücklich, wenn auch knapp gelungenen Entree folgen sehr bald weniger glückliche Erfahrungen: Wieder fühlt sich der junge Katholik irischer Herkunft aus der mittelwestlichen Provinz vor Söhnen reicher «WASPs» – weißer, angelsächsischer Protestanten – zurückgesetzt. Und dieses Gefühl provoziert ihn nicht etwa zu glänzenden Wissensleistungen: Er versucht sich vielmehr anzubiedern und aufzuspielen – wie gehabt. Den Kritischen und Intelligenteren unter den Mitstudierenden gehen seine Besserwisserei und sein permanenter Redefluß auf die Nerven, und sie reagieren entsprechend. Schonungslos enthüllen der junge Edmund («Bunny») Wilson und John Peale Bishop (die beide später in der amerikanischen Literatur der zwanziger, dreißiger Jahre eine beachtete Rolle spielen) seine Schwächen in einem Spottgedicht, in dem sie Scott selbst sagen lassen:

«Ich war immer so clever,
daß mich die cleveren Upper-class-Leute
zur Kenntnis nahmen.
Ich konnte ein Gedicht schreiben wie von Browning
ein Stück wie von Shaw
und einen Roman wie von Meredith …»

Die böse Satire unterstellt, daß er sich bedenkenlos von anderen nahm, was er brauchte. Sie verhindert allerdings nicht, daß die beiden Verfasser enge und kritische Freunde von Scott werden – wohl auch ein Verdienst seiner Begabtheit und seiner im Grunde liebenswürdigen und großzügigen Natur. Wenn ihm jemand zuhört und bei aller Kritik auch seine Qualitäten anerkennt, ist er zu gewinnen.

Scotts Verhältnis zu seiner Universität war übrigens keineswegs nur bewundernd. «Fitzgerald», schreibt Arthur Mizener, einer seiner Herausgeber und Biographen, «kritisiert Princeton nicht, weil es ‹undemokratisch›, sondern weil es snobistisch statt aristokratisch ist.» Ein bemerkenswertes Urteil für jemanden, der sich in vielem so deutlich als Snob zu erkennen gibt.

Daß Scott Fitzgerald sich sogar in den ihm wichtigen Fächern des vorgeschriebenen Lehrplans so wenig anstrengt, liegt auch daran, daß trotz des hohen Renommees der Universität einige Englischlehrer den Unterricht überaus langweilig und trocken absolvieren – gewissermaßen zum Abgewöhnen für die begabteren Studenten. In einem Rückblick von 1927 räumt er ein, daß einige der besseren Professoren «Interesse, ja sogar Begeisterung in den Studenten zu wecken wußten». «Ein Interesse, das allerdings kurz darauf in den Übungsräumen der Tutoren starb», weil «den poetisch mild gesonnenen Herren jede lebhafte Diskussion zuwider war».

Statt also getreulich die wenig erleuchteten Äußerungen eines besonders gehaßten Tutors mitzuschreiben, notiert Fitzgerald: «Dieser Mann … ist furchtbar. Da sitze ich nun, zu Tode gelangweilt, und höre zu, wie er die englische Dichtung zerpflückt … man sagt, es sei seine Schuld, daß so viele Studenten Englisch als Fach aufgeben …» Scott verhält sich entsprechend lässig bis provokant. Als einmal sein häufiges Zuspätkommen gerügt wird, kontert er: «Sir – es ist absurd, von mir zu erwarten, daß ich pünktlich bin. Ich bin ein Genie!»

Damit ist klar, wenn auch vielleicht nicht ganz ernst gemeint, was er von sich hält. Der junge Fitzgerald paßt – zumindest in seiner Vorstellung – in das im Grunde traditionelle Bild des Künstlers als Außenseiter, der die ihm feindlich gesonnene Gesellschaft schließlich durch seine geniale Leistung bezwingt. Eine Figur des 19. Jahrhunderts, die in das so gänzlich andere 20. mit all seinem «Neuen» und seinem ganz veränderten Kunstverständnis hineinwirkt. Erstaunlich ist, daß er sich trotz dieser Vorstellung fortgesetzt anstrengt, ebendieser herausgeforderten Gesellschaft, also der Upper class, zu entsprechen: dazuzugehören. Bei keinem seiner nahen Freunde, die später sein Umfeld in New York ausmachen, ist dieser Zwiespalt so sehr zu spüren wie bei Scott Fitzgerald, und er scheint immer aus der gleichen Wurzel, seiner sozialen Unsicherheit, zu entstehen.

Auch Princeton wird kein Erfolg. Scotts Leistungen reichen nicht aus für ein Abschlußexamen. Immerhin hat er sich mit Prosabeiträgen und Gedichten für das *Nassau Lit*, das älteste Universitätsmagazin in den USA, und im «Triangle Club» mit Stücken hervorgetan. «Juvenilia», wie man das nennt, oder auch «Jugendsünden», die aber seine potentielle schreiberische Begabung und sein literarisches Temperament zeigen. In einem Aufsatz, der vier Jahre nach Fitzgeralds Tod erschien, charakterisiert einer der wenigen von ihm bewunderten Lehrer, Christian Gaus, seinen gefährlich talentierten Schüler: «Er konnte Disziplin nicht ertragen ... Er sehnte sich heftig und anhaltend danach, die Welt zu beherrschen, Präsident des ‹Triangle Clubs› zu werden und einer der Großen auf dem Campus zu sein. Seine Literaturkenntnisse waren viel dürftiger als die seiner Freunde, aber er war zutiefst interessiert an den Problemen der Kunst und ihren Methoden ...»

Dem absehbaren Versagen auf der Universität kommt 1917 der Eintritt der Vereinigten Staaten in den Krieg zuvor. Viele von Scotts Freunden melden sich freiwillig zum Einsatz – aus zwiespältigen Gründen. Bei den meisten ist es eine

Mischung aus Pflichtgefühl, Abenteuerlust und Todestrieb. Der gehört zum «Stimmungsbild» dieser Generation. Der besonnene Edmund Wilson läßt sich zum Sanitäter ausbilden und macht harte Erfahrungen in den französischen Feldlazaretten. Auch Fitzgerald meldet sich. In einem Brief an seine Mutter beschreibt er kühl seine Motive: «Was die Army angeht, laß uns bitte nicht von Tragödie oder Heroismus reden, beides ist mir gleichermaßen zuwider ... Ich habe mich kühlen Bluts auf diese Sache eingelassen und nichts übrig für das ‹Opfere deinen Sohn fürs Vaterland› ... ich habe mich einfach dazu entschlossen – vor allem aus *gesellschaftlichen Gründen*.» Und dann folgt der Satz: «Für jemanden, der das Leben tief pessimistisch sieht, hat der Gedanke an Gefahr nichts Niederdrückendes. Ich war noch nie so ausgeglichen.» So denkt ein Einundzwanzigjähriger. Eine alterstypische und zugleich ganz besonders charakterisierende Äußerung. Die Euphorie einer Extremsituation drückt sich darin aus und auch Selbsttäuschung: Er hat, wie sich immer wieder gezeigt hat, nicht viel persönlichen Mut. Vielleicht schloß seine reizbare Vorstellung, seine Selbstbezogenheit das aus. In seiner Vorstellung aber ist er ein Kriegsheld. Wie so oft nimmt er das erwünschte Ziel jeder wirklichen Anstrengung vorweg. Politisch interessiert ihn der Krieg, dieses seine Generation bestimmende Ereignis, wenig.

Im Oktober 1917 erhält er nach den notwendigen Examen seine Einstellung als Leutnant. Sofort bestellt er sich bei Brooks Brothers, einem renommierten Herrenschneider, eine schicke Uniform. Sein erstes Ausbildungscamp liegt bei St. Paul, das zweite in der Nähe von Kansas City. Sein Ausbilder dort ist der hochbeliebte junge Captain Dwight Eisenhower. Als Army-Offizier ist Scott aber ebensowenig überzeugend wie als Student in Princeton. Seine militärischen Kenntnisse sind kümmerlich, er fühlt offenbar für «seine Leute», die er führen soll, keinerlei Verantwortung. Aber trotz aller «Störungen» und «Behelligungen» im Dienst schreibt er während seiner militärischen Ausbildung, wo immer er kann: heimlich unter der Broschüre «Kleine Anweisungen für einen Infanteristen» auf seinen Knien und offen in jeder freien Minute. Zuerst sind es Verse – inspiriert von Rupert Brooke, dem früh gefallenen jungen englischen Lyriker, einer «Kultfigur» seiner Altersgenossen. Dann beginnt er einen Roman, der zunächst «The Romantic Egotists» heißt und alles über ihn und seine Generation mitteilen soll.

Seine damalige Stimmung beschreibt er – sechs Monate nach dem Erscheinen des Romans, nun unter dem Titel «This Side of Paradise» («Diesseits vom Paradies») – in einem Artikel für die *Saturday Evening Post*, ein eher populäres Blatt, das ihm viele seiner Stories abnehmen und gut bezahlen wird.

«Ich hatte nur noch drei Monate zu leben – damals dachten alle Infanterieoffiziere, daß sie nur noch drei Monate zu leben hätten –, und ich, ich hatte der Welt noch nicht meinen Stempel aufgedrückt ... Aber ein solch verzehrender Ehrgeiz ließ sich durch einen Krieg allein nicht unterdrücken. Jeden Sonnabend um ein Uhr, wenn der Wochendienst vorüber war, eilte ich in das Offizierskasino, und in diesem vollgerauchten Raum schrieb ich bei lauter Unterhaltung und Zeitungsgeraschel während der folgenden drei Monate an Wochenenden einen Roman von einhundertzwanzigtausend Wörtern.»

Die souveräne Geschicklichkeit, mit der dieser dreiundzwanzigjährige Autor eines ersten Buches sich selbst zu interpretieren und «nahezubringen» versteht, verblüfft, aber das Mitgeteilte entspricht der Wahrheit: Er war ganz auf sein Buch konzentriert. Das Schreiben hatte ihn völlig in Besitz genommen. Dieser junge Mann ist, bei aller – sicherlich berechtigten – Kritik seiner militärischen Vorgesetzten, wirklich von seiner literarischen Sendung besessen, und seine Absicht, er wolle der größte Schriftsteller seiner Epoche und Amerikas werden, die er noch in Collegetagen vor dem nicht weniger ehrgeizigen, aber zurückhaltenderen Edmund Wilson äußert, ist durchaus ernst gemeint.

Auch was er sonst in diesem Artikel («Who is Who – and Why», 1920) über die Zeit vor der Veröffentlichung des Romans mitteilt, gibt einen ziemlich genauen Eindruck von seinen damaligen Erfahrungen. Einiges allerdings läßt er unter den Tisch fallen: daß für ihn der Krieg in Europa nicht stattfand und er die Uniform ausziehen mußte, ohne ein Held zu werden, daß er 1918 im dritten Ausbildungscamp Sheridan, in der Nähe von Montgomery (Alabama), das «Southern girl» traf, das er dann heiratete, und daß es nicht ganz leicht war, sie zu erobern und zu halten. Sein Roman, den er Maxwell Perkins, dem Cheflektor des bekannten Verlags Charles Scribner's Sons, zuschickte, wurde – das berichtet er mit leichter Ironie und nicht ganz ohne Bitterkeit – trotz mitgeteiltem Interesse als noch zu unfertig abgelehnt, aber eine Überarbeitung empfohlen.

«Sechs Monate danach kam ich in New York an und hinterließ meine Visitenkarte bei den Büroboten von sieben Zeitungsverlagen, um mich als Reporter zu bewerben. Ich war gerade zweiundzwanzig, der Krieg war vorbei, und ich wollte tagsüber Mördern auf die Spur kommen und nachts Kurzgeschichten schreiben. Aber die Zeitungen hatten keine Verwendung für mich. Beim bloßen Klang meines Namens auf einer Visitenkarte entschieden sie, endgültig und unwiderruflich, daß ich ungeeignet sei zum Reporter.» Statt dessen geht er für neunzig Dollar im Monat ins Anzeigengeschäft und verfaßt Werbesprüche. Nachts schreibt er Stories. In Kürze hat er neunzehn beisammen, aber niemand will sie. «Ich hatte einhundertzweiundzwanzig Absagen als Fries in meinem Zimmer aufgehängt. Ich schrieb Filmexposés. Ich schrieb Songtexte. Ich machte komplizierte Anzeigenentwürfe. Ich schrieb Gedichte. Ich schrieb Sketche. Ich schrieb Witze. Ende Juli (1919) verkaufte ich eine Story für dreißig Dollars.»

Was er in seinen «odd jobs» tun muß, um Geld zu verdienen, erscheint ihm als Zeit- und Talentvergeudung. Das ist es sicherlich auch. Vielleicht aber hat ihm die Berührung mit der Werbung, die damals noch «Reklame» hieß und eine der aufkommenden Mächte der Epoche war, doch noch etwas reale Lebenserfahrung eingebracht.

Schließlich zieht er sich mit seinem Romanentwurf nach St. Paul zurück (eben in das Haus Summit Avenue 599, das heute seine Namensplakette trägt) und instruiert seine Familie von seinem Vorhaben, ihn dort umzuschreiben, was diese, nach all den enttäuschenden Experimenten des begabten Sohnes, überraschend geduldig hinnimmt. Am 15. September, neun Tage vor seinem dreiundzwanzigsten Geburtstag, erhält Fitzgerald vom Verlag den Bescheid, daß der Roman angenommen ist. Im November verkauft er der *Saturday Evening Post* seine ersten Gedichte. Bis Februar nächsten Jahres hat er dort ein halbes Dutzend untergebracht. «Dann kam mein Roman heraus. Dann heiratete ich. Jetzt verbringe ich die Zeit damit, mich zu fragen, wie das alles gekommen ist.»

Soweit die muntere Selbstdarstellung, der erste von zahlreichen «Rückblicken», die er verfassen wird.

Was hier nicht, aber in seiner Korrespondenz deutlich zutage tritt, ist, daß er in Maxwell Perkins einen feinfühligen, literarisch aufmerksamen Lektor und einen lebenslangen Freund findet, der ihn ernst nimmt und später prekärste Situationen mit ihm durchsteht.

Schon seine Reaktion auf die erste Fassung des ihm empfohlenen Romans charakterisiert ihn: «Wir haben ‹The Romantic Egotist› mit ungewöhnlich großem Interesse gelesen, tatsächlich hat uns seit langer Zeit kein Manuskript von solcher Originalität erreicht, und die Entscheidung, es in seiner jetzigen Form nicht annehmen zu können, fällt uns daher schwer.» Er empfiehlt eine Überarbeitung, eine konsequentere Durchführung der Figuren und anstelle der Ich-Form eine Erzählung in der dritten Person.

Maxwell Perkins ist ein nobler Mann aus einer angesehenen New-England-Familie mit einem Hauch puritanischer Reserve und in manchem eher konservativ. Aber er ist belesen, intellektuell, auf das Neue und Vielversprechende in der Literatur der Epoche erpicht, imstande, es zu erkennen und entschieden in seinem Urteil. Alles in allem ein Mann, der Scotts Idealbild von einem intelligenten Gentleman entspricht, und mit dem er auch den puritanischen Touch gemein hat.

In Scott Fitzgeralds gesamtem Werk, so haben Kritiker festgestellt, gibt es keine offen sexuellen Szenen oder Dialoge – für heutige Begriffe unvorstellbar. Freunde – und nicht erst Hemingway, der Fitzgerald immer an seiner eigenen Vitalität maß – berichten, daß er in sexueller Hinsicht auch persönliche Probleme und Versagensängste kannte. Aber er tritt auf als Homme à femmes, als ein Mann, der seiner starken erotischen Ausstrahlung sicher ist. Und abgesehen davon, daß schöne und begehrte Mädchen zum Prestige jedes «beau» gehören, hat er eine Reihe naher Mädchenfreundschaften, ehe er Zelda begegnet. Eine davon ist Ginerva King, ein schönes und reiches Mädchen aus der Upper class von Chicago, die ihn sehr beeindruckt, ihn dann aber doch als Ehepartner für zu leicht befindet. Trotz des Versuchs, diese Abfuhr mit leichter Ironie in der Figur der Isabelle in seinem Erstling zu verarbeiten, ist die Wunde noch frisch, als er Zelda begegnet.

Zelda Sayre
1900–1948

Rund 1400 Kilometer entfernt von St. Paul, Minnesota, nahe der kanadischen Grenze, liegt im Süden der Vereinigten Staaten Montgomery, die Hauptstadt des Bundesstaates Alabama. Um die Jahrhundertwende zählte sie 40 000 Einwohner (heute ca. 200 000). Noch ein Menschenalter nach dem Ende des Sezessionskriegs, der als das einschneidendste Ereignis in der amerikanischen Geschichte gilt, hatte sie viel vom südlichen Lebensstil, seinem Charme und seinem Anspruch bewahrt.

«Montgomery war eine Stadt von Tradition und Geschmack», so beschreibt eine später namhafte Autorin ihre Geburtsstadt um die Jahrhundertwende. «Wie Rom war sie auf sieben Hügeln hoch oben über dem roten Felsufer des Alabama erbaut. Ihre frühen Siedler kamen aus Virginia und South Carolina oder ... aus Europa. Die Bindungen zwischen Montgomery und den Ländern des alten Kontinents waren sehr eng.» Unter den ersten Siedlern gab es auch eine Anzahl liberaler und gebildeter Deutscher, die in den vierziger Jahren des vorigen Jahrhunderts vor politischen Restriktionen und restaurativen Tendenzen aus verschiedenen deutschen Königreichen und Fürstentümern flohen und sich im amerikanischen Süden niederließen. Sie brachten – man hört es gern – Gedankenfreiheit, Skepsis und Toleranz in ihrem Gepäck mit. Für die konservative Gesellschaft der Südstaaten waren sie wohl eher gefährliche «Freidenker». (Einige ihrer Nachkommen übernahmen diese Rolle kritischer Rebellion dann in der Kulturszene der zwanziger Jahre in Amerika und Europa.)

Montgomery, das 1819 gegründet und knapp zwanzig Jahre später Stadt wurde, hat heute noch für seine Bewohner in der Geschichte der Südstaaten, die sich im Sezessionskrieg (1861–65) von den nördlichen Staaten trennten, einen besonderen Platz: Es besitzt das erste Kapitol der Konföderierten, in dem die Abtrennung der elf südlichen Staaten ausgesprochen wurde, einen schönen klassizistischen Bau oben auf einem der Hügel, und das erste Weiße Haus innerhalb der Konföderation, ein sympathisch bescheidenes Gebäude, in dem der erste Präsident, Jefferson Davis, residierte. Vor fast hundert Jahren war das alles zwar mehr als bloße Schulbuchweisheit oder touristische Attraktion, aber schon nicht mehr unangefochten.

Die Gründe für die Sezession und den verlustreichen Bürgerkrieg sind vielfältig und historisch bis heute nicht ganz geklärt. Außer der Auseinandersetzung über die Sklaverei, deren Abschaffung den wirtschaftlichen Rückgang in den Südstaaten einleitete, entwickelten sich auch Lebensart und Denkweise im Norden und im Süden immer gegensätzlicher. Vom historisch-politischen Diskurs abgesehen, haben inzwischen zahlreiche vorzügliche amerikanische Autoren – von William Faulkner über Tennessee Williams bis Joan Didion – die vielen Facetten dieses Unterschieds beschrieben. Die strengste Kritik am Süden ist übrigens von südstaatlichen Schriftstellern geübt worden, unter anderem von Sara Haardt-Mencken in einer frühen Erzählung «Strictly Southern», die 1922 erschien und von überzeugten Südstaatlern als «Nestbeschmutzung» abgelehnt wurde. Der schlechte Ruf des Rassismus haftet dem Süden immer noch an, wenn auch Martin Luther King, der schwarze Prediger aus Montgomery, mit seinem erfolgreichen Bus-Boykott 1953 den ersten Schritt gegen die Rassentrennung tat. Der Rest ist bekannt.

«In unseren frühen Jahren», so fährt die oben zitierte, 1905 geborene Autorin in ihrem Bericht über Montgomery nicht ohne Ironie fort, «war die aristokratische Tradition noch stark, und ‹snob› war noch nicht zu einem der Schimpfworte mit vier Buchstaben verkommen. Redewendungen wie ‹Frieden und Geborgenheit sind der größte Luxus, der sich mit Geld kaufen läßt›, oder: ‹Der Name einer Dame sollte nur dreimal im Druck vorkommen: bei ihrer Geburt, bei ihrer Heirat und bei ihrem Tod›, waren noch im Schwange.» In einer Mischung von Distanz und unauflöslicher Faszination erinnert sie sich: «Die Sommer in Montgomery waren heiß, schwül und feucht ... aber wenn die langen Abende langsam in eine staubblaue Dämmerung versanken, ließen die sengenden Tage eine kühle verzauberte Stunde zurück, die ‹erste Dunkelheit›.»

Zelda Sayre wird mit dem neuen Jahrhundert geboren. Sie ist – mit einigem Abstand von den Geschwistern – die jüngste Tochter des angesehenen Richters am Supreme Court, Anthony Sayre, und seiner Frau Minnie, geborene Machen, die bei Zeldas Geburt bereits vierzig war. Ganz im Gegensatz zu Fitzgeralds Mutter Mollie ist Minnie durchaus ansehnlich, von offenbar unerschöpflichen Energien, einigen geselligen und geistigen Interessen und einer während ihres langen Lebens hart auf die Probe gestellten heiteren Gemütsart. Sie kam aus der Oberschicht des Südens. Ihr Vater hatte sich – nach einigen kühnen, aber gescheiterten Unternehmungen und einem für ihn nicht ungefährlichen Engagement während des Bürgerkriegs – als geschätzter Anwalt und Landbesitzer in Kentucky etabliert. Minnie war die künstlerisch Begabte in der Familie. Sie schrieb Gedichte, die im Lokalblatt veröffentlicht wurden (was den oben geäußerten Grundsätzen eigentlich schon widersprach), und sie veranstaltete kleine Laientheater-Aufführungen. Aber eigentlich hatte sie durchaus ernsthafte und entschiedene Theaterambitionen, die ihren Vater, als er dahinterkam, aufs äußerste empörten: Lieber tot, als auf der Bühne, hieß das – in dieser

Montgomery, Alabama, um 1919. Hier wurde Zelda Sayre am 24. Juli 1900 geboren: eine der letzten Schönen des amerikanischen Südens, der Glanzpunkt der Provinzgesellschaft.

Zeit nicht seltene – väterliche Verdikt. Minnie begrub ihre Hoffnungen und heiratete, wohl ohne allzu große Leidenschaft, den tüchtigen jungen Rechtsanwalt Anthony Dickinson Sayre, der einer angesehenen Pionierfamilie aus Long Island entstammte.

Der Rahmen, in den Zelda hineingeboren wurde, erscheint herkömmlich stabil, wenn auch die Familie in einem eher knappen Wohlstand lebte.

Obwohl Minnie Sayre wohl das war, was man eine «gute Mutter» nennt – und in Zeldas Fall wurde sie zuletzt mehr als das –, antwortete sie einmal auf die Frage, wie viele Kinder sie gehabt habe, eher beiläufig: fünf oder sechs. Eigentlich habe sie gar keins haben wollen, sondern eine Karriere im Kopf gehabt.

Erstaunlich, daß es dieser Frau aus ihrer eigenen, sie doch offenbar enttäuschenden Erfahrung nicht gelingt, ihre begabte Jüngste ernsthaft zu ermutigen, zumindest eines ihrer zahlreichen Talente auszubilden. Zelda ist überaus sprachgewandt, sie zeichnet und malt. Sie nimmt – immerhin – Ballettstunden und tanzt bei geselligen Gelegenheiten zum Entzücken der besseren Provinzgesellschaft von Montgomery. Ein offenbar ganz kundiger Berichterstatter urteilt im Lokalblatt, dem *Montgomery Advertiser*: «Sie könnte tanzen wie die Pawlowa», und bedauert, «daß ihre zierlichen Füße, statt sich professionell zu bewegen, ihre Fähigkeiten mit zahlreichen Tänzern in endlosen Ballnächten vergeuden». Mit siebzehn gibt Zelda den Ballettunterricht auf – und Minnie Sayre toleriert es. Sie freut sich über die gesellschaftlichen Erfolge ihrer so hinreißend eigenwilligen Tochter, sie verwöhnt sie und staffiert sie mit Rüschen und Volants zur gefeierten Ballkönigin einer etwas verblichenen Machart aus. Die traditionelle Rolle der untätigen «belle», der Schönen mit allen Ansprüchen des alten Südens, scheint ihr offenbar wünschenswert genug für die Tochter. Der Vater, ein ruhiger, ganz auf seine Arbeit zurückgezogener Mann, «eine lebende

Festung», wie ihn Zelda später in ihrem einzigen Roman beschreibt, hält auf Ordnung und Anstand und möchte seine Ruhe haben. Die Mutter versucht seine grundsätzliche Strenge – vielleicht etwas zu sehr – zu mildern und macht sich zur Komplizin der Tochter bei deren verbotenen nächtlichen Eskapaden.

Wie erklärt sich dieses Verhalten bei ihrer eigenen Vorgeschichte? Und wie erklärt es sich, daß dieses ganz gewiß ungebärdige Mädchen Zelda anscheinend widerspruchslos in die ihr zugedachte Rolle einwilligt? Denn sie ist ja kein Dummchen. Auch kritische Freunde und Freundinnen aus ihren Anfängen in Montgomery und dann in New York rühmen ihren klaren Verstand, ihr rasches Reaktionsvermögen, ihre scharfe Beobachtungsgabe, ihren Sprachwitz, ihre Neigung zum Phantasievollen, ja Phantastischen. Dazu ist sie sportlich, klettert auf die höchsten Bäume und springt aus schwindelerregender Höhe in jedes Wasser, eine begeisterte Schwimmerin. In ihrer Umgebung wird Zelda bezeichnenderweise «Baby» genannt und gilt als unerschrockene Draufgängerin. Im berühmten kreisrunden Treppenhaus des Kapitols rutscht sie das Treppengeländer hinunter – eine Vorübung für das, was sie dann als verheiratete Frau in New York tun wird, um die konventionellen feinen Leute zu verblüffen …

Ihr Mut, den auch Scott immer wieder bewundern wird, ist nicht auf riskante Leibesübungen beschränkt. Sie ist auch in menschlichen Situationen offen und direkt – im «Guten wie im Bösen». Später soll ihre Mutter Scott anvertraut haben, daß es dieses «Böse» in Zeldas Charakter durchaus gab, daß sie darauf aus war zu dominieren und unerträglich wurde, wenn sie nicht bekam, was sie wollte. Mag sein, daß diese Äußerung so fiel und auch zutraf. Sie spricht für das typische Verhalten eines verzogenen Kindes; kaum überraschend, sicherlich lästig. Zelda war gewiß kein «good girl», kein «braves Mädchen» – aber «böse»? Es gibt auch noch eine andere – verbürgte – Bemerkung von Minnie Sayre zu Scott Fitzgerald, nachdem die Eltern in die Heirat eingewilligt hatten: Gott allein könne Zelda dazu bekehren, «brav» zu sein. (Der Papst genüge da nicht.) Es klingt wie eine Warnung. Was immer mit dem «Guten» und auch mit dem «Bösen» gemeint ist – es sind einigermaßen nebulose, puritanisch gefärbte Schutzbegriffe, denen auf den Grund zu gehen man sich allem Anschein nach fürchtet.

Zelda ist der «Wildfang», wie er durch die Mädchenbücher um die Jahrhundertwende geistert: ein attraktives, aber unbändiges junges Mädchen mit allen Anzeichen der Aufsässigkeit gegen die Konventionen der ihr zugedachten Rolle. Meist wird sie dann doch – in den Geschichten wie im «wirklichen Leben» – auf den für Frauen «rechten Weg» zurückgeführt und in einer «passenden» Ehe sichergestellt. In Zeldas Fall kann von familiärem Zwang zur Ehe nicht die Rede sein. Man wartet ab und hofft das Beste. Zelda gehört zu «den Mädchen», mit denen sie ihren Roman einführt, «die glauben, sie könnten sich alles erlauben und damit durchkommen». Die Eltern sind aus verständlichen Gründen von ihrer Wahl zunächst nicht begeistert: Scott Fitzgerald ist charmant und ihnen nicht unsympathisch, aber er ist ein «Künstler» ohne Sicherheit, und er hat eine bedenkliche Neigung zu alkoholischen Exzessen, die er sich spätestens in Princeton erworben hat. Zelda aber wird ihren Willen durchsetzen, wenn auch nach einigem Zögern.

Abgesehen von ihrer faszinierenden Wirkung auf die gefühlsverwirrten jungen Leute ihrer Umgebung, die sie um den Finger wickelt, ist Zelda ein «bon coupain»: Sie macht alles mit, ist nie Spielverderber. Schon als Schulmädchen zieht sie die Gesellschaft von Jungen den Mädchen ausdrücklich vor. Sie findet sie umgänglicher, ihre «Atmosphäre» angenehmer und, was man mit ihnen erleben kann, phantasievoller.

Zelda mit fünfzehn im Ballettkostüm. Der Tanz war das einzige ihrer Talente, das ausgebildet wurde. Ein Lokalreporter bedauerte, daß sie ihre kleinen Füße «auf Bällen verschwendete».

Nahe Mädchenfreundschaften, die ja von der konservativen Gesellschaft gern gesehen wurden und deren insgeheim oft erotischer Charakter sich ihrer Vorstellung wohl entzog, scheint sie nicht gesucht zu haben. Aber die Erinnerung an sie ist auch bei Frauen überwiegend freundlich. Bei aller strahlenden Beliebtheit in ihrem weit über die Grenzen Montgomerys, ja Alabamas hinausreichenden Freundeskreis und der Eingebundenheit in die Familie ist sie, der «Nachkömmling», so etwas wie eine Einzelgängerin: die «Kleine», die für sich bleibt, das Leben der älteren Geschwister und auch der Eltern aus der «Froschperspektive» scharf beobachtet – und lernt.

Nicht nur in dem «gebildeten» Europa gab es zu Jahrhundertbeginn bereits Frauen, die studierten, einen Beruf ergriffen, allein reisten und außerhalb der Ehe liebten. College-Erziehung für Mädchen war zu dieser Zeit in Amerika in den «besseren Kreisen» durchaus üblich. In Zeldas unmittelbarer Umgebung, in der Provinzmetropole Montgomery, finden sich in ihrer Generation gleich mehrere prominente Beispiele. Das eine ist Tallulah Bankhead, ein Mädchen aus bester Familie, das – natürlich gegen deren Widerstände – Schauspielerin wird. Die zweite ist Sara Powell Haardt (zwei Jahre älter als Zelda und mit ihr gut bekannt), eine glänzend ausgebildete, kluge und unabhängige Frau. Sie heiratet später den satirischen Kulturkritiker und großen Publizisten H. L. Mencken (den Herausgeber von *The Smart Set*, der Startbasis für viele bekannte Autoren der zwanziger Jahre, und später des seriösen *American Mercury*) und arbeitet mit ihm zusammen.

Die dritte ist die bereits zitierte Schriftstellerin Sara Mayfield, die ihre Literaturstudien glänzend abschloß und nach dem Examen in Paris arbeitete. (In ihrem Buch «Exiles from Paradise», 1971, hat sie aus genauer Kenntnis von Zeit, Ort und Personen, aber auch aus behutsamer Distanz ein eindringliches Bild von Zelda Sayre und Scott Fitzgerald gezeichnet.) Alle drei waren keine trüben Blaustrümpfe, sondern sehr lebendige und weltläufige junge Frauen, die sich umgesehen und sich auch im turbulenten New York der zwanziger Jahre behauptet hatten.

Was hinderte Zelda Sayre daran, sich ähnlich zu entscheiden? Was ließ sie den Weg des scheinbar geringsten Widerstands gegen die Herausforderungen einer sich rasch wandelnden Welt einschlagen? War es doch nur Bequemlichkeit und Opportunismus – wie ihre Kritiker ihr nachsagen? War schön und reich, verwöhnt und beachtet zu sein ihre Version des «amerikanischen Traums», dieser Wunschvorstellung, die ihre Generation wie keine andere zuvor faszinierte? Hatte da bei aller familiären Nähe und mütterlichen Verwöhnung doch etwas gefehlt, eine Zuwendung und Ermutigung, die ihr ermöglicht hätte, anstelle eines gefälligen Lebensklischees ihr komplizierteres Selbst anzunehmen und durchzusetzen? Ist ihr «Drama» das «des begabten Kindes»?

Zeldas Dilemma ist schwerer durchschaubar, aber in seiner Wirkung dem Scotts auffällig ähnlich: sie ist so bewunderungssüchtig wie er geltungsbedürftig. Er will sich ja vor allem egoman in Szene setzen, weil seine familiären und gesellschaftlichen Voraussetzungen seinem hochmütigen Anspruch nicht genügen. Zelda, bei der in dieser Hinsicht alles «stimmt», mag sich zu früh an eine allzu rasch errungene Bewunderung gewöhnt haben. Sie lernt leicht, aber ohne Ehrgeiz. Leistung durch Anstrengung ist ihr fremd. Der Erfolg bei Menschen – Männern und Frauen, Älteren und Altersgenossen – fällt ihr mühelos zu, aber sie wird abhängig davon. Es muß, wie bei jeder Droge, immer mehr sein. Den Entzug erträgt sie nicht.

Hintergrund einer Love-Story:
Krieg

F. Scott Fitzgerald und Zelda Sayre, die begabten jungen Leute aus der amerikanischen Provinz, begegnen einander, als der ferne große europäische Krieg zu Ende geht, genauer in der Zeit, als er nach dem Kriegseintritt Amerikas am 6. April 1917 näherrückt. Ihre bereits geschilderte Begegnung ist einer der Zufälle, die er mit sich bringt.

Das Jahr 1917 war das bislang härteste im europäischen Krieg: sowohl in den verlustreichen militärischen Operationen an allen sich ständig erweiternden Fronten als auch in der Wirkung auf die Zivilbevölkerung. Europa war kriegsmüde.

Am 12. März war der Zar in Rußland gestürzt worden. Im November bot Rußland nach der bolschewistischen Oktoberrevolution einen Waffenstillstand an, und einen Monat später schied es ohne förmlichen Friedensschluß aus dem Krieg aus.

Amerikas Kriegseintritt hat eine Vorgeschichte: Ihr Drehpunkt ist ein für die amerikanische Entwicklung ungemein weit- und tiefreichendes Ereignis, nämlich, 1890, das Ende der seit über zweihundert Jahren nach Westen wandernden «Frontier», das heißt offener Siedlungsgebiete, die bisher die überschüssigen Zuwanderer und auch «unsichere Elemente» aufgefangen und so den bereits etablierten Landesteilen im Osten und Mittelwesten eine gewisse Sicherheit geboten hatten.

Amerika erlebte diese Veränderung als schwere Bewußtseinskrise. Das Land der unbegrenzten Möglichkeiten sah diese plötzlich eingeengt, die Lebenschancen und die Freiheit schienen gefährdet. Protestbewegungen der Farmer und der Industriearbeiter waren eine der Folgen der wirtschaftlichen Depression von 1893 bis 1897, die auch den Mittelstand traf. (Als eines der bescheideneren Opfer läßt sich zum Beispiel Scott Fitzgeralds Vater vorstellen.) Das Vademekum sahen viele in einem expandierenden Außenhandel: Er sollte die Produktionskräfte des Landes anreizen und so die sozialen Spannungen lösen.

Woodrow Wilson, der Theodore Roosevelt als Präsident der Vereinigten Staaten abgelöst hatte, gehörte wie sein Vorgänger dem *Progressive Movement* an, einer Reformbewegung, die harte Kritik an den korrupten ökonomischen Praktiken des «Gilded Age» – der amerikanischen Gründerzeit der siebziger, achtziger Jahre – übte, von einem starken Moralismus mit puritanischen Zügen und missionarischem Eifer geprägt war und eine kontrollierte Form des wirtschaftlichen Liberalismus anstrebte. Die Gründer und führenden Köpfe dieser Bewegung entstammten überwiegend der neuenglischen Bildungsschicht. Die gleiche Personengruppe beherrschte aber auch die imperialistische Bewegung, die von ähnlichen Überzeugungen bestimmt war. Allerdings prägte sich in ihr das Gefühl der Überlegenheit der «angelsächsischen Rasse» über die kulturell «zurückgebliebenen» Afrikaner, Asiaten, Indianer und auch Südamerikaner zu einem bedenklichen «Superioritätsdünkel» aus. In der Krise von 1890, die auch eine amerikanische Identitätskrise war, fanden die imperialistischen Ideen breite Wirkung bei einer verunsicherten Bevölkerung. Ganz besonders in den Agrargebieten des Südens und des Mittleren Westens gedieh «ein seltsames Gemisch aus altüberlieferten Ressentiments, nativistischer Fremdenfeindlichkeit und Antisemitismus ...» (Erich Angermann).

Woodrow Wilsons Entschluß, die Vereinigten Staaten zum Eintritt in den Krieg an der Seite der Alliierten zu motivieren, hatte mehrere Gründe: zum einen den Wunsch, Amerika einen bedeutenderen Platz in der Welt zu sichern, zum anderen zweifellos seine Abneigung gegen die Mittelmächte, besonders gegen Deutschland, wegen der Ausweitung des U-Boot-Kriegs auf englische Passagierschiffe, die auch amerikanische Passagiere, außerdem aber erhebliche Mengen von Waffen und Munition transportierten.

Der Entscheidung für den Kriegsbeitritt gingen Waffenlieferungen an die Alliierten voraus – ein erheblicher Beitrag zur Überwindung der Rezession von 1913, die den anfänglichen Erfolgen des *Progressive Movement* gefolgt war. Trotz hoher Kredite an die Westmächte und anderen Vorleistungen konnten die Vereinigten Staaten als Wirtschafts- und Finanzmacht gestärkt aus dem Krieg hervorgehen, der von ihnen unter dem Motto geführt worden war, «die Welt demokratischer zu machen». Aber bei allem Friedenspathos und Sendungsbewußtsein Wilsons als «Völkerversöhner» war die amerikanische Politik unter seiner Führung nicht frei von imperialistischen Tendenzen. Mit seinen besseren Absichten, den berühmten «vierzehn Punkten» für den Friedensvertrag zwischen den Westalliierten und den Mittelmächten und – langfristig – auch mit dem Völkerbund, ist er gescheitert.

Amerika selbst war für den Kriegsfall in Ausrüstung und Organisation nur ungenügend vorbereitet. Das Eingreifen an den europäischen Fronten verzögerte sich. Die Kampfbereitschaft der Bevölkerung war eher flau – mit Ausnahme der Freiwilligen, vor allem aus der Bildungsschicht. Die Kriegsproduktion für den eigenen Bedarf lief nur langsam an, ebenso die Umstellung des Transportwesens auf Kriegszwecke. Die Verluste unter den meist unzulänglich ausgebildeten Soldaten waren trotz der Kürze des Einsatzes hoch. Am 11. November 1918 war auch für die Vereinigten Staaten der Krieg zu Ende.

Im ganzen blieb er ein fernes Ereignis auf einem anderen Kontinent. Nur der Tod enger Freunde machte ihn gegenwärtig und erschreckend greifbar. Wer verwundet wurde und überlebte, war «ein Held», wie Ernest Hemingway, den Fitzgerald sein Leben lang um diese Erfahrung beneidete.

Die «Helden» aber, die den Krieg als Ambulanzfahrer oder Sanitäter aus krasser Nähe erfahren hatten, waren desillusioniert. Es ist erstaunlich – bei der vergleichsweise geringen Zahl der amerikanischen Freiwilligen, die noch zum Einsatz kamen –, in welchem Maße und wie lange der Krieg als Ereignis das Bewußtsein der kurz vor 1900 geborenen amerikanischen Intellektuellen, Künstler, vor allem der Schriftsteller und ihre eigene Lesegeneration gefangenhielt, und wie oft er in der nennenswerten amerikanischen Literaturproduktion der zwanziger Jahre verarbeitet wird.

Krieg – Krieg und Männlichkeit – bleiben bis tief in die dreißiger Jahre das Thema Ernest Hemingways. Die schreckliche Verlorenheit des blutjungen Soldaten Nick in den frühen Kurzgeschichten («In Our Time», 1925) verdichtet sich in seinem ersten Roman «The Sun Also Rises», 1926, in der Figur des amerikanischen Journalisten Jake Barnes zu zynisch überspielter Verzweiflung: Ihn hat der Krieg in seiner männlichen Vitalität getroffen, ihn impotent gemacht. Seine Liebe zu Brett, einer jungen Engländerin, ist so unauflösbar wie sexuell frustrierend. Auch sie ist «kriegsversehrt», sie hat in den Kämpfen ihren Verlobten verloren. Beide versuchen vergeblich, auf hochalkoholisierten Parties und in Pariser Bars, in denen sich der sehr gemischte «Kreis» der Dollar-Exilanten trifft (zu dem auch die Fitzgeralds zeitweilig gehören), ihr Dilemma zu vergessen. Hemingways Distanz zu diesem Treiben ist im Verhalten seines Protagonisten unverkennbar. Erst drei Jahre später holt er in «A Farewell to Arms», 1929, seinen eigentlichen «Kriegs»-Roman nach. Darin durchläuft sein «Held», der amerikanische Sanitätsoffizier Frederic Henry, alle Stadien des quälenden Massenmords: Er wird als Deserteur verdächtigt, zum Tode verurteilt, flieht mit seiner Geliebten, einer jungen englischen Krankenschwester, über die Schweizer Grenze. Aber sie können die physische Sicherheit nicht mehr genießen: Seine Gefährtin bringt ein totes Kind zur Welt und stirbt selbst im Kindbett. Die Grunderfahrung dieses Romans ist nicht siegesstolzer Optimismus des wohlmeinenden, engagierten Kriegsfreiwilligen, sondern das Gefühl der persönlichen Niederlage in dem desaströsen, menschenverachtenden Unternehmen Krieg.

Bei John Dos Passos steigert sich die verzweifelte Reaktion des Kriegserfahrenen zum Protest gegen den Krieg und die Ausbildungspraxis der Armee als Mittel der Unterdrückung von Individualität, Geistesfreiheit und Menschenwürde. Die Schicksale seiner exemplarischen «Three Soldiers», 1921, laufen bei allen Unterschieden von Charakteren und Hintergründen auf das gleiche hinaus: die Zerstörung der Person. Wegen seiner antimilitärischen Ansichten wurde Dos Passos – nach seinem Einsatz an der Westfront und in Italien – noch vor Ende des Krieges in die USA zurückgeschickt. Aber schon 1919 ist er, dreiundzwanzigjährig, als Korrespondent wieder in Europa und als Beobachter bei den Friedensverhandlungen in Versailles. Der Krieg mit seinen Folgen bleibt für ihn – wie für Hemingway – bis in die USA-Trilogie (1932) sein Stoff. Seine Schilderung der Auffindung und Rückführung eines bis zu totaler Unkenntlichkeit zusammengeschossenen jungen amerikanischen «Kriegsteilnehmers» und dessen offizielle Darbietung als «Unbekannter Soldat» («The Body of an American», in «Nineteen Nineteen», dem zweiten Teil der Trilogie) führt mit erbittertem Sarkasmus alle «Größen» vor, die sich zur Feier im Memorial Amphitheater auf dem Nationalfriedhof in Arlington zusammenfinden: «... und Mr. Harding betete zu Gott und die Diplomaten und Generäle und Admiräle und all die hohen Offiziere und die Politiker, und die hübsch gekleideten Damen aus der Gesellschaftsspalte der *Washington Post* standen feierlich da ...»

Und zum Schluß heißt es: «Woodrow Wilson legte einen Strauß Mohnblumen nieder.»

Seine Sprache nimmt den verkürzenden Nachrichtenton des Reporters auf. Scheinbar unbeeindruckt erzählt er die Horrorgeschichte des in einem Schützengraben an der Marne – «in einem anderen Land» – verblutenden Soldaten. Ähnlich wie Hemingway mit seinen (so häufig imitierten) wortkargen Aussagen, bedrängt er in der emotionsfreien Schilderung des Grauenhaften die Emotionen des Lesers.

Scott Fitzgerald ersetzt den – immer wieder bedauerten – Mangel an unmittelbarer Erfahrung bezeichnenderweise durch einen sehr eindrucksvoll geschilderten späten Besuch der Schlachtfelder und Schützengräben in Frankreich. Dick Diver, der Arzt und Psychiater in seinem letzten vollendeten Roman «Tender is the Night» (1933), unternimmt mit einer Gruppe von Freunden eine «guided tour» dorthin: «Seht den Bach dort – in zwei Minuten könnten wir dort sein. Dazu brauchten die Engländer einen Monat – ein ganzes Weltreich, das sehr, sehr langsam marschierte, das vorn starb und von hinten nachrückte. Und ein zweites Weltreich ging sehr, sehr langsam rückwärts, jeden Tag ein paar Zoll, und ließ die Toten liegen wie eine Million blutiger Teppiche. Kein Europäer dieser Generation wird das noch einmal tun … Die jungen Männer glauben, sie könnten es tun, aber sie können es eben nicht … Zu dem hier brauchte man Religion und Jahre des Wohlstands und der unbegrenzten Sicherheit und die genau festgelegten Verhältnisse zwischen den Klassen.»

Das sind Reflexionen zu fast fünfzehn Jahre zurückliegenden Ereignissen, Reflexionen, die der inzwischen siebenunddreißigjährige Scott Fitzgerald seine Figur anstellen läßt.

Scott Fitzgerald ist kein «politischer Kopf», aber er hat eine unerhörte Einfühlung in den Zeitgeist. Dick Divers Überzeugung: «Kein Europäer dieser Generation wird das noch einmal tun», blieb auch noch der Irrtum vieler ihrer Kinder, die ein Zweiter Weltkrieg fast noch schlimmer beschädigte.

Auf der Suche nach einer Sprache, die dem Ungeheuren solcher Extremerfahrungen und dem überwältigend Neuen der Epoche gerecht werden soll, sind sie alle, die Schreibenden dieser – nach einem mißverstandenen Ausspruch Gertrude Steins, aber doch ganz zutreffend – sogenannten verlorenen Generation.

Auch Scott Fitzgerald. Äußerst einfallsreich operiert er mit dem «Zeitjargon», mit dem flapsigen Alltagsgerede seiner «Flapper» und ihrer schicken desorientierten Begleiter. Und das nicht nur in den Dialogen seiner frühen Bücher, in denen er seine Personen oft ohne jeden erzählenden Kommentar auftreten läßt. Immer mehr wird er zum ironischen Deuter der amerikanischen Nachkriegsgesellschaft, in die er und Zelda sich bis zum Überdruß mischen. Hemingway entzieht sich ihr – keineswegs ganz ohne Pose – ins gefährlich-exotische Abenteuer, Dos Passos engagiert sich als schonungsloser Sozialkritiker.

Daß Scott Fitzgerald sich zu lange bei der faszinierten und faszinierenden Schilderung des falschen Glamours dieser – nicht immer – «happy few» aufgehalten habe, ist ihm von Kritikern, besonders von englischen, vorgeworfen worden. (Der Unterschied zwischen Lebensweisen und Literaturauffassungen in den USA und in England ist übrigens in diesen Jahren noch überraschend groß. Erst über Mittlerfiguren wie T. S. Eliot, Ezra Pound, Ford Maddox Ford und H. L. Mencken und durch die Veröffentlichungen der zahlreichen umsichtigen und kritischen kleinen Literaturzeitschriften – *Little Review, Transatlantic, The Smart Set* u. a. – in den zwanziger Jahren wächst die gegenseitige Kenntnis und das Verständnis.)

Aber nicht erst in «The Great Gatsby» (1925), dem Porträt des tragischen Schmugglers mit der gefälschten Vergangenheit, gelingt es ihm, diese Gesellschaft in ihrer fatalen Zweideutigkeit zu durchschauen. Bereits sein zweiter Roman «The Beautiful and Damned» entwirft ein desillusioniertes

Tableau der Roaring Twenties, in denen er und Zelda sehr deutlich erkennbar und keineswegs vorteilhaft figurieren. Das Buch, das literarische Ergebnis der ersten beiden Ehejahre des Paares, erscheint 1922, wieder bei Charles Scribner's Sons, und findet eine beträchtliche kritische Resonanz.

«Diesseits vom Paradies»
oder Die Hochzeit

Großer Schwenk zurück. Die Szene ist Montgomery (Alabama) im Sommer 1918. Die «Southern Belles» vergnügen sich mit den smarten jungen Offizieren aus dem nahe gelegenen Camp Sheridan auf sommerlichen Bällen und auch sonst. Die meisten Biographen schildern die erste Begegnung von Scott Fitzgerald und Zelda Sayre nicht viel anders, als ginge es hier wirklich um einen Klappentext für einen Trivialroman. In ihren Folgerungen und Schlüssen weichen sie allerdings davon ab und jedenfalls von der Prognose eines Happy-End. Und einige stellen die Frage, die sich auch Zeitgenossen aus näherer Kenntnis der beiden Beteiligten gestellt haben: Wie konnten diese beiden überhaupt ein Paar werden? Dieses Mädchen Zelda, eine späte und nicht ganz gewöhnliche Blüte südstaatlicher Lebensart, die aus der Fülle leben, nichts als schön, bewundert und der glänzende Mittelpunkt einer unaufhörlich an- und aufregenden Gesellschaft sein will, und dieser hochbegabte, selbstbezogene und ehrgeizige junge Scott aus dem nördlichen Mittelwesten, der – bei aller Offenheit für weibliche Reize – eigentlich nichts im Sinn hat, als durch Bücherschreiben berühmt und reich zu werden. Immer wieder fragt er sich und fragen seine Kritiker und Freunde, ob ihm wohl mehr an Ruhm und Reichtum gelegen ist oder aber an einer von wenigen Kennern anerkannten Qualität des Schreibens. Am liebsten hätte er beides, versteht sich. Wie lassen sich die einander widerstreitenden Ansprüche und Hoffnungen der künftigen Partner versöhnen? Scheinbar doch ganz einfach: indem Scott sein Ziel möglichst schnell erreicht – wie es ja nach mühsamen, aber kurzen Anläufen sehr bald den Anschein hat – und Zelda ihm als unerschöpfliches Modell, als inspirierende Muse beisteht; ihm Ruhe und Stimulation für seine Arbeit verschafft; ihm ihre besseren Gedanken und Einfälle – samt ihren Briefen und Tagebüchern – zu freier schöpferischer Verfügung überläßt. Allerdings verlangt sie dafür den ganzen Mann und ein Leben nur in Höhepunkten, ohne Alltag. Dieser Lebensentwurf, ein kühnes Fehlkalkül, erscheint beiden zunächst einleuchtend und realisierbar. Sie sind einander – bei großer Ungleichartigkeit – in manchem ähnlich: Sie wollen ALLES. Ohne jede Lebensökonomie, ohne Einschränkung für ein «höheres Ziel» alles – und möglichst sofort.

Die Zeit nach dem Ende des Krieges verläuft für Zelda nach dem bisherigen Muster. Sie bleibt zu Hause und führt ein untätiges Leben mit kleineren und größeren Vergnügungen, während Scott, im Februar 1919 aus der Army entlassen, die schmucke Uniform ausziehen muß und nun den – von ihm für die *Saturday Evening Post* humorig geschilderten, aber nicht ganz so lustig erfahrenen – Versuch macht, in New York mit allen Mitteln Geld zu verdienen.

Der Flirt zwischen Zelda und ihm hat sich seit dem Sommerball zu einem wirklichen Liebesverhältnis entwickelt; keineswegs ohne Spannungen und Querelen und vielleicht nicht ganz so leidenschaftlich, wie es sich beide erträumt haben mögen – aber das bleiben zum großen Teil Mutmaßungen Dritter. Scott schickt zärtliche, gelegentlich komisch verstümmelte, Telegramme und kleine Geschenke, darunter – bedeutungsvoll – einen Ring. Zelda reagiert geschmeichelt und entzückt. «Du kannst Dir nicht vorstellen, was für einen Aufruhr der Ring angerichtet hat», schreibt sie ihm im Frühjahr 1919. «Alle finden ihn wunderhübsch – und ich bin so stolz darauf, daß ich Dein Mädchen bin – daß jeder weiß, daß wir uns lieben – es ist so gut zu wissen, daß Du mich immer lieben wirst und daß wir ganz bald und dann ein Leben

F. Scott Fitzgerald und Zelda Sayre 1919 im Garten der Familie Sayre in Montgomery: ein natürliches, nachdenkliches, modernes junges Paar.

lang zusammensein werden … Liebster, ich liebe Dich über alles auf Erden – und ich will Dich bald heiraten, Geliebter – Sag nicht, ich sei davon nicht begeistert – Du solltest es wissen –.»

Freilich besteht sie weiter darauf, um- und auszugehen und zu flirten, mit wem sie will. Scott wird zusehends eifersüchtiger: Er würde sie am liebsten wie eine orientalische Prinzessin in einen Turm sperren, teilt er ihr mit. Dieser angemaßte Eingriff in ihre persönliche Freiheit verdrießt sie aufs äußerste: Er kann ihr doch vertrauen!

Geübt darin, mit – wenn auch harmloseren – Feuern zu spielen, sieht sie sich überrascht einem differenzierten und diffizilen Partner gegenüber, der zudem noch ein Vergnügen darin zu finden scheint, sich von ihr provozieren zu lassen – und beharrlich bleibt.

Vom neuen Typ der kindhaften Femme fatale, der in allen Praktiken erotischer Provokation erfahrenen Demi-vierge, (die er «Flapper» nennt), ist Scott schon vor seiner Begegnung mit Zelda fasziniert. In einer noch in Princeton geschriebenen Story, einer seiner besten unter den frühen, läßt er solch ein Mädchen auftreten und charakterisiert sein Verhalten ihr gegenüber bzw. das der Ich-Figur:

«Die ganze Zeit über idealisierte ich sie maßlos. Dabei war mir völlig bewußt, daß sie so ziemlich das fragwürdigste Mädchen war, dem ich je begegnet war. Sie war selbstsüchtig, eingebildet und unbeherrscht. Und da ich selbst schuld daran war, fiel es mir doppelt stark auf. Dennoch wollte ich sie nicht ändern. Jeder ihrer Mängel verband sich mit einer leidenschaftlichen Energie, die ihn aufhob. Ihr Egoismus brachte sie dazu, das Spiel mit großer Härte zu spielen; ihr Mangel an Selbstbeherrschung flößte mir geradezu Ehrfurcht ein, und ihre Arroganz wurde immer wieder für köstliche Augenblicke von Gewissensbissen und Selbstbezichtigungen durchbrochen, so daß mir das nahezu – nahezu – gefiel. Ihre Wirkung auf mich war ungeheuer stark. Sie stachelte mich an, ihretwegen irgend etwas zu tun, irgend etwas zu erreichen, das ich ihr präsentieren könnte. Alle Erfolge im College wurden zu einer Art vorweisbaren Trophäe.»

Der junge Mann ist ein puritanisch gehemmter «Romantiker», so wie sich Fitzgerald von jungen Jahren an selbst sieht. Die Frauen sind in seiner Vorstellung – und wohl auch in der von ihm erlebten Realität – auf Eroberung aus, aber sie wollen den «Starken», der ihnen gewachsen ist, sie bezwingt. Für den Verletzten, den Gebrochenen, den hilf- und hoffnungslos Werbenden haben sie keinen Sinn und keine Verwendung.

«Nun, der Rest ist ein einziger Alptraum – fassungslose Briefe, wilde, flehende Briefe; langes Schweigen, während ich hoffte, daß sie etwas bewirken würden; Gerüchte von anderen Affären.»

Der Text ist aufschlußreich.

Die Beziehung zwischen Scott und Zelda läuft nicht ganz nach diesem Muster ab, aber doch ähnlich. Da gibt es ein unaufgeklärtes – offenbar für beide nicht aufklärbares – sexuelles Mißverstehen: Das immer wieder erwähnte «Spiel» wird dadurch zu einem andauernden Einanderverfehlen – für beide in jedem Sinne unbefriedigend. Innere Vorbehalte bleiben, bei aller verbalen Offenheit, besonders in ihren Streitereien, unausgesprochen. Von gleichberechtigter Partnerschaft, von einer «neuen Beziehung der Geschlechter», von der die Reformbewegung um die Jahrhundertwende schwärmte, ist keine Rede. Bei allen Freiheiten, die man sich nimmt, wird hier offenbar eine etwas überholte Vorlage in neuer Kostümierung und in einer neuen Tonart nachgespielt.

Die Beziehung zieht sich in die Länge. Zelda wird ungeduldig, Scott unruhig. Im April kommt er auf einem seiner seltenen Besuche nach Montgomery. Sie schlafen zum ersten Mal miteinander und erklären sich für verlobt. Scott ist zwar überwältigt, Zelda so bereit zu finden, zugleich aber von ihrem Freimut schockiert wie der letzte konventionelle Bürger. Im Princeton-Milieu schlief «man» nicht mit «Mädchen aus gutem Hause». Zelda, vom Herkommen durchaus eine «höhere Tochter», war ganz offen unbekümmert um die «guten Sitten». Sie habe bereits mit fünfzehn «ihre Unschuld verloren», behauptet ihr neuester Biograph Jeffrey Meyers. Die Biographin Sara Mayfield, die sie und ihre persönliche Umgebung genau kannte, meint: «Flirt war im Süden durchaus üblich, ‹bis zum Äußersten zu gehen› nicht. Zelda war eine überlegene Schönheit und ‹eine Wucht›, um im steinzeitlichen Slang jener Tage zu reden, sie war viel zu beliebt, um sich für ihre Verehrer anzustrengen, viel zu geschickt in ihrer Taktik und ihrem Vorgehen, was diese Beliebtheit betraf, um ihre Gunst einem einzigen ihrer Verehrer zu schenken und sich damit ein ganzes Regiment zu entfremden.» Jugendfreunde fanden ihren Ruf, trotz aller wilden Geschichten, untadelig. Und auch die ihr nahe, um einiges ältere, verheiratete Schwester Rosalind legt – wenn vielleicht auch nicht die Hand ins Feuer – sich immerhin sehr ins Zeug, um das moralische Renommee der Jüngsten gegen böse Zungen zu verteidigen. Die vielleicht geglückteste Beschreibung dieses besonderen Zustands von Lebenslust, Mut und Übermut von damals, lieferte Zelda selbst in einem Feuilletonbeitrag namens «Eulogy on the Flapper» (Lobrede auf den Flapper), eine Art Abgesang auf die große Zeit dieses inzwischen verblichenen Wesens. Sie beschreibt darin den Auftritt dieser Zeitfigur, die sich ihrer neuen Vorzüge bewußt wird: «Mit dieser Feststellung nämlich erwachte der Flapper aus seiner Lethargie …, schnitt sich das Haar kurz, legte die allerschönsten Ohrringe an, wappnete sich mit großer Kühnheit und viel Rouge und schritt in die Schlacht. Sie flirtete, weil es Spaß machte zu flirten, und trug einen enganliegenden Badeanzug, weil sie eine gute Figur hatte; sie bedeckte ihr Gesicht mit Puder und malte sich an, weil sie es nicht nötig hatte, und sie lehnte es ab, sich zu langweilen, weil sie selbst nicht langweilig war. Sie war sich bewußt, daß alles, was sie tat, das war, was sie immer schon hatte tun wollen.» Die frivole Flapsigkeit des kleinen Texts, 1922 im *Metropolitan Magazine* erschienen, zeigt einen scharfen Blick an. Die Autorin sagt, was sie will, in ihrer durchaus eigenen Sprache.

Die Briefe aus den Jahren zuvor an Scott sind auf einen anderen Ton gestimmt – auf einen «Herzenston», möchte man sagen.

Noch im Frühjahr 1919, nach Scotts Besuch in Montgomery, schreibt Zelda ihm einen wirklichen Liebesbrief: «Scott, mein geliebter Liebster – alles scheint so leicht, einfach und ruhevoll wie diese gelbe Dämmerung. Zu wissen, daß ich immer Dein sein werde – Dir immer gehören werde – daß nichts uns trennen kann –, ist eine solche Erleichterung nach all den Bedrängnissen und der nervösen Aufgeregtheit dieses letzten Monats ... Das Warten erscheint mir jetzt nicht mehr so schlimm – ich liebe Dich, mein Herzensschatz ...» Und sie fügt nach einem Friedhofsbesuch hinzu: «Der alte Tod ist etwas sehr, sehr Schönes – wir werden zusammen sterben, ich weiß es –»

Das mag eine vorübergehende Stimmung gewesen sein, aber es ist auch mehr: Daß der Tod diese junge Person nicht ängstigt, gehört zu ihrer Unerschrockenheit.

Trotz solch hoffnungsvoller Höhepunkte leidet die Beziehung unter der physischen Distanz: Scott in New York, Zelda in Montgomery. Zeldas Briefe werden seltener. Immer wieder bekräftigt sie, sie fühle sich wie ein verlorenes Kind und verzweifle daran, je erwachsen zu werden. «Und dennoch bin ich ganz ungeheuer glücklich – es ist eine Art Gefühl der ‹Dankbarkeit›, daß ich am Leben bin und daß sich die Menschen freuen, weil ich es bin.» Ein für sie ungemein charakteristischer Satz. Im selben Brief versucht sie, ihr Schweigen zu erklären: «Ich hasse es zu schreiben, wenn ich keine Zeit habe und nur ein paar Zeilen hinkritzeln kann.» Sie denke aber immer an ihn, und sie bitte ihn zu verstehen:

«Hektische Angelegenheiten aller Art sind so außerordentlich anstrengend. Also, laß uns, bitte, in aller Ruhe schreiben und wann immer es Dir wirklich danach ist.» Viele seiner Briefe klängen «gezwungen».

Aber sie zeigt sich auch verständnisvoll und versucht, ihn zu trösten: «Bitte, bitte, sei nicht so deprimiert – Wir werden bald heiraten, und dann werden diese einsamen Nächte für immer vorbei sein ... Vielleicht wirst Du es nicht verstehen, aber manchmal fällt es mir am schwersten, Dir zu schreiben, wenn ich Dich am meisten vermisse, und Du merkst immer, wenn ich mich dazu zwinge.» Dann allerdings reitet sie wieder einmal ein – wenn auch kleinerer – Teufel, und sie fährt fort: «Ich liebe Deine traurige Zärtlichkeit, wenn ich Dich verletzt habe – Das ist einer der Gründe, warum ich unsere Streitereien nie bedauern könnte – und Dir haben sie so zugesetzt – diese lieben, lieben kleinen Aufregungen, bei denen ich Dich immer so angestrengt dazu zu bringen versucht habe, mich zu küssen und alles zu vergessen ...

Scott, ich will nichts in der Welt als Dich – und Deine kostbare Liebe – Alle materiellen Dinge bedeuten gar nichts.» Und sie fragt: «Warum spürst Du nicht, daß ich auf Dich warte – ich werde zu Dir kommen, Geliebter, wenn Du bereit bist.»

Sie versucht ihm klarzumachen, daß seine Liebe zu und sein Vergnügen an ihr bald erlöschen würden, wenn sie in dürftigen, grauen Verhältnissen miteinander leben müßten. Und damit hat sie durchaus recht – von ihren eigenen Bedürfnissen abgesehen.

Scott, immer noch mit «odd jobs» und Kurzgeschichten beschäftigt, die ihm zurückgeschickt werden, drängt dennoch auf eine Heirat. Zelda zögert, sich auf eine höchst ungewisse Situation einzulassen, in ihren Zweifeln wohl noch von den Eltern bestärkt, obwohl sie sich über warnende Hinweise ihrer Mutter mokiert. Schließlich, bei einem dringenden letzten Versuch Scotts, sie zu überreden, löst sie – wenn auch unter Tränen – das Verlöbnis. Fitzgerald reist verzweifelt ab und begibt sich in New York umgehend auf eine wilde Sauftour. Drei Wochen dauert sie – genau bis zur Verkündigung der unionsweiten Prohibition, die, wie man weiß, am Alkoholismus nichts ändert, ihn höchstens anheizt.

Diese Absage hat Zelda unter Scotts Freunden und einigen seiner Biographen harte Urteile eingetragen: sie sei egoistisch, vergnügungssüchtig, habe keine Ahnung von Scotts Genie, wolle sein Talent für sich ausbeuten. (Einer ihrer strengsten Kritiker, ja Widersacher, wird Ernest Hemingway sein, den sie 1925 in Paris kennenlernt.)

Der flüchtige Augenschein spricht für diese Version. Aber die wenigen Briefe, die Zelda während der ganzen Zeit vor ihrer Entscheidung an Scott schreibt, deuten auf noch eine andere Person hinter der durch ihre Umgebung konditionierten kindhaften «belle»: auf eine freiheitsdurstige, intelligente junge Frau, deren Lebenslust sich in oberflächlichen Vergnügungen Luft macht, die aber nachdenklich und von psychologischem Scharfsinn sein kann. So wenn sie ihn in einem Brief charakterisiert: «Ich weiß, daß Du Dir Gedanken gemacht hast – und das außerordentlich gründlich – und daß Du es genossen hast, und das wollte ich nicht, *weil* irgend etwas die Dinge immer wieder zurechtrückt – sogar dieses Mal – UND DAS IST GUT SO – Irgendwie sag ich Dir das sehr ungern – ich weiß, es bringt Dich um eine Dich ebenso erschreckende wie faszinierende Vorstellung: Du hast eine krankhafte Neigung zu übertreiben – Du hältst Dich bei Dingen auf, die niemanden glücklich machen – ich kann das nicht ganz erklären, aber es ähnelt den Gefühlen, wie sie Dreizehnjährige haben, wenn alle ausgehen und sie allein zu Hause bleiben müssen.»

Insgesamt sind es nicht viele Briefe, die Scott und Zelda wechseln. Das Paar ist später, nach der Heirat, selten ge-

Die Tafel am Haus Summit 599, in dem der junge Autor seinen Roman-
erstling druckfertig überarbeitete. Er erschien am 26. März 1920 unter dem
Titel «This Side of Paradise» im renommierten Verlag Charles Scribner's
Sons.

trennt – bis zu der Zeit nach Zeldas erstem Zusammenbruch, die sie immer häufiger in Kliniken und Sanatorien zubringen muß.

Und auch das ist merkwürdig für eine so gespannt sich entwickelnde Beziehung und diese unruhige, rastlos die Wohnungen und Wohnorte wechselnde Existenz: Sie bleiben fast immer zusammen. Kommen sie einander dabei auch nahe? Vielleicht ist es gerade der Mangel an gelegentlicher Trennung, der das Zusammensein oft so schwierig, ja manchmal unerträglich macht? Die Fähigkeit zur Nähe auf Distanz – eins der Geheimnisse geglückter Paarbeziehungen – scheinen sie für sich nicht erwogen, geschweige denn in sich erzogen zu haben. Aber noch sind sie ja kein Paar.

Seiner vergeblichen New Yorker Mühen überdrüssig, beschließt Scott Fitzgerald im Juli 1919, nach St. Paul in die Wohnung Summit 599 zurückzukehren und dort seinen Roman «The Romantic Egotist» umzuschreiben. Er wird schließlich «This Side of Paradise» heißen.

Am 4. September notiert er in einem Brief an Maxwell Perkins: «Ich schicke das Buch heute mit getrennter Post ab. Ich möchte gern einiges mit Ihnen besprechen. Sie werden feststellen, daß es eine ganze Menge Material aus ‹The Romantic Egotist› enthält.»

Und dann geht er auf Details in den einzelnen Kapiteln ein. Er hat jedenfalls Perkins' Ratschläge befolgt und das Ganze in die dritte Person versetzt und damit «objektiviert».

Am 16. September antwortet Perkins: «Ich bin persönlich sehr glücklich darüber, Ihnen schreiben zu können, daß wir alle dafür sind, Ihr Buch ‹This Side of Paradise› herauszubringen. Wenn ich es mit dem Buch vergleiche, das wir schon hier hatten – und es ist ja im Grunde dasselbe – … denke ich, daß Sie es enorm verbessert haben. Wie das erste Manuskript birst es vor Energie und Leben, ist aber, wie mir scheint, in allem besser proportioniert … Das Buch ist so verschieden von allem sonst, daß es schwer ist vorauszusagen, wie es sich verkaufen wird, aber wir alle wollen die Chance wahrnehmen und es nach Kräften unterstützen.»

Und dann folgen noch die für einen ganz neuen Autor nicht schlechten Vertragsbedingungen: 10 Prozent für die ersten 5000 Exemplare, dann 15 Prozent. Und Perkins merkt noch an: «... das ist mehr als üblich, jetzt, da die Ladenpreise – mit denen kalkuliert wird – so sehr in die Höhe gegangen sind.» Erscheinen soll das Buch im Frühling nächsten Jahres. Fitzgeralds Antwort, vier Tage später, ist voller Glück: «Natürlich war ich entzückt, Ihren Brief zu erhalten, und den ganzen Tag über in einer Art Trance; obwohl ich nicht daran gezweifelt habe, daß Sie es nehmen würden. Nun habe ich doch endlich etwas vorzuweisen. In St. Paul ist die Werbung für das Buch bereits so gut gelaufen, daß sicherlich 1000 Exemplare verkauft werden, und ich denke, auch in Princeton wird man es kaufen. An beiden Orten galt ich zeitweise als ‹einer, der zu den höchsten Hoffnungen berechtigt›.»

Und dann ein vertrauensvoller Zusatz: Ob Perkins es nicht möglich machen könnte, das Buch bereits im Dezember – zu Weihnachten – herauszubringen. «So viele Dinge hängen von seinem Erfolg ab – unter anderem natürlich ein Mädchen – nicht daß ich glaube, ein Vermögen damit zu machen, aber es würde einen psychologischen Effekt auf mich und meine ganze Umgebung haben und mir außerdem neue Möglichkeiten eröffnen. Ich bin in einem Zustand, wo jeder Monat wahnsinnig wichtig ist und ein Trumpf wäre im Kampf um das Glück gegen die Zeit.»

Den früheren Termin kann ihm Perkins nicht zusagen, die psychologische Wirkung auf ihn selbst – und seine ganze Umgebung – bleibt dennoch nicht aus.

Zelda hat ihren Entschluß, sich von Scott zu trennen, ihrer Familie verschwiegen und auch ihren Freunden nicht anvertraut. Sie ist keine, die rasch aus dem Nähkästchen plaudert. Sie setzt das übliche sommerliche Leben in Montgomery fort, das sie später in einer Story beschreibt, die ihre sprachliche Leichtigkeit, ihre Einfühlung in Atmosphärisches andeutet. Montgomery habe damals etwas besessen, das nirgendwo sonst zu finden war, eine bestimmte Zeit am Tage: «Sie begann in einer frühen Sommernacht gegen halb sieben, wenn die Straßenlampen an den Ecken flackernd und zischend angingen, und dauerte, bis die großen opaken Kugeln innen schwarz waren vor Motten und Käfern und man die Kinder von den staubigen Straßen hereinholte ... die Drugstores sind nachts erhellt von den Organdykleidern der Mädchen, die sich unter großen elektrischen Ventilatoren bauschen. Autos stehen am Bordstein vor den offenen Holzhäusern, und Küchengeräusche vom Abendbrot dringen durch die sanfte Dunkelheit zu der jungen Welt, die allabendlich draußen unterwegs ist. Telefone klingeln, und aus den schwarzen Schattenspitzen unter den Bäumen tauchen Mädchen auf in Weiß und Rosa und springen über die Rechtecke warmen Lichts – einem Ton von weit her entgegen –, mit einer Erwartung, die man nur an Orten kennt, wo alles, was geschieht, vergnüglich ist. Nichts scheint sich je zu ereignen.»

Im Oktober schreibt Scott an sie, berichtet von seinem Erfolg und fragt sie, ob er sie noch einmal besuchen dürfe. Sie antwortet: «Ich bin ungeheuer froh, wenn Du kommst – ich wollte Dich wiedersehen (was Du sicherlich wußtest), aber ich konnte Dich nicht bitten – ... Es ist komisch, Scott, ich fühle mich kein bißchen unsicher oder hin und her gerissen, wie früher, wenn Du kamst – ich möchte Dich wirklich sehen – das ist alles –» Wie sehr ihm inzwischen an Zelda gelegen ist, zeigt ein Brief an Ludlow Fowler, einen Freund aus Princeton, dem er sich anvertraut hat, und den er bittet, das «große Geheimnis» zu wahren: daß er nämlich vorhat, es noch einmal bei Zelda zu versuchen. «Großer Gott, Lud –

ich werde nie darüber hinwegkommen, solange ich lebe. Es gibt noch eine schwache Chance. Zum Glück!»

Ihr Wiedersehen und ihre Versöhnung haben nicht ganz die Großartigkeit, die er sich nach der Entfernung von fünf Monaten ausgemalt hat. Und Zelda spürt es. Obgleich sie ihre Beziehung erneuern und heiraten wollen, sobald das Buch erschienen ist, schreibt sie ihm einen erstaunlich «erwachsenen» Brief, in dem sie ihn freigibt – falls es ihn glücklicher mache, sie nicht zu heiraten. Wenn «Liebe sich zu Freundlichkeit gewandelt» habe, schrecke sie das nicht mehr – «es klingt so friedlich» – wie etwas, zu dem man zurückkehren und wo man sich ausruhen könne ...

Nein, sie habe das Verlöbnis nicht des Geldes wegen gelöst und wieder erneuert, meint ihre Biographin Nancy Milford, die sie keineswegs idealisiert. Sie sei unsicher gewesen, was Scott wert sei – als Mann und in seinen schriftstellerischen Ambitionen.

Nachdem sie «This Side of Paradise» im Manuskript gelesen hat, schreibt sie ihm begeistert und bedauert, daß sie nicht imstande sei zu sagen, *wie* gut sie es finde. Ihre Urteile über Bücher sind nicht an «gebildeter» Lektüre erzogen, aber von hellhöriger, und dann auch begründeter, Unmittelbarkeit. Auch das weiß Scott an ihr zu schätzen. Sie fügt dem Brief eine sehr charakteristische Zelda-Wendung an: Das Buch habe ihr klargemacht, wie «kläglich und vollständig – und ein wenig unerwartet» sie ihm gehöre. Einige Tage später gesteht sie: «Ich bin sehr stolz auf Dich – ich sag das höchst ungern, aber ich glaube, anfangs hatte ich nicht sehr viel Vertrauen in Dich.»

Wer aus solchen Äußerungen nur das materielle Kalkül herausliest, irrt oder erliegt einem Vorurteil. Sicherlich kollidiert Zeldas draufgängerische Unkonventionalität mit den anerzogenen Ansprüchen, aber sie will nicht bürgerliche Sicherheit – sie will das Außerordentliche und Glanz. Sie warnt Scott davor, «eine Unmenge Möbel anzuschaffen» für ihre New Yorker Wohnung, sie fürchtet, sie könnten ein hinderlicher Ballast für ihre Bewegungsfreiheit und auch sonst ihrem wirklichen Leben im Wege sein.

Während Zelda in der gewohnten Umgebung Montgomerys ihr gewohntes Leben führt und, wie bislang beraten von der Mutter, ihren «Trousseau» – vor allem ihre persönliche Ausstattung für die Hochzeit und das künftige Großstadtdasein – vorbereitet, arbeitet der junge Autor, ermutigt, an seiner Karriere, plant und schreibt Neues, korrespondiert mit Herausgebern von besseren Magazinen und integriert sich immer intensiver in das New Yorker Leben und die literarische Szene. Natürlich breitet er seinen kommenden Erfolg unter Freunden und Bekannten aus, und mit der Tatsache, daß er ein geschätzter Autor des angesehenen Verlags Charles Scribner's Sons ist, steigen sein literarischer Ruf und seine Aussichten. Er veröffentlicht nun in *The Smart Set*, für den H. L. Mencken seinerzeit während Scotts New Yorker Misere die frühe Erzählung «Babes in the Wood» für dreißig Dollar angenommen hatte. Und er bringt weitere Stories in der *Saturday Evening Post* unter, eine Chance, die viele ehrgeizige junge Autoren, wenn auch etwas naserümpfend, nutzen. Vor allem an Urteil und Bekanntschaft des brillanten Mencken ist Scott gelegen. Mencken, eigentlich in Baltimore zu Hause, ist nicht nur als der Herausgeber des *Smart Set* eine Zentralfigur im intellektuellen New York der zwanziger Jahre. Seine literarische «Nase» ist untrüglich auch da, wo ihm die Person des Autors nichts sagt oder Negatives verheißt, wie etwa bei Sinclair Lewis: Bei einem ersten Treffen fand er ihn unerträglich und hielt ihn für einen ausgemachten Idioten – bis er die ersten Zeilen las, sofort die spezifische Qualität des Autors erkannte und als Kritiker entsprechend handelte.

Für die dreißig Dollar – ein sehr bald erheblich überschrittenes Honorar – hatte sich Scott damals eine weiße Flanellhose und für Zelda einen Fächer aus Flamingofedern gekauft, wie Sara Mayfield in ihrem ergiebigen Buch über H. L.

Mencken und seinen Kreis zu berichten weiß. Zeldas Einfluß auf die Überarbeitung der Story (deren erste Version noch in die Princeton-Zeit fällt) und ebenso auf den etwa gleichzeitigen Einakter «The Debutante», den Mencken ebenfalls ankaufte, sei, so meint die Biographin, unverkennbar. Und offenbar bleibt es auch Zelda nicht verborgen, wie leichthändig sich Scott ihrer Einfälle, ihrer Briefe und Notizen bedient. «Plagiarism begins at home» (Plagiieren beginnt zu Hause), so hat sie eine geläufige englische Redewendung witzig abgewandelt.

«This Side of Paradise» wird, wie der Verlag ankündigt, im März erscheinen. Im Dezember schickt Fitzgerald Unterlagen für das Werbematerial, unter anderem ein Foto von sich; er kümmert sich um den Schutzumschlag und macht Vorschläge, er liest zügig die Korrekturfahnen – der «Anfänger» zeigt sich als werbetüchtiger Experte. Vor dem Roman sollen einige Stories in dem von Robert Bridges geleiteten *Scribner's Magazine* erscheinen. Andere findet sein Lektor Perkins für diesen Zweck nicht so geeignet. «Sie werden zweifellos keinerlei Schwierigkeit haben, sie unterzubringen», schreibt er an Fitzgerald, «jedenfalls zeigen sie, wie mir scheint, daß Sie als Schreiber von Kurzgeschichten Ihren festen Platz gefunden haben.» Und er fährt fort: «Sehr schön an ihnen ist, daß sie alle so lebendig sind. In neunzig Prozent aller Stories, die heute erscheinen, wird das Leben durch das ‹vergeistigende› Medium der Literatur gefiltert. Ihre kommen unmittelbar aus dem Leben, scheint mir. Auch die Sprache; es ist die Sprache von heute.»

Die Korrespondenz geht über St. Paul, 599 Summit Avenue – die wohlbekannte Adresse, aber Fitzgerald wird – um Zelda näher zu sein? – nach New Orleans überwechseln, wohin er die Fahnen erbittet. Er fühle sich, notiert er, «ausgeschrieben durch dieses kurze Zeug». Es gibt depressive Momente, die Sorge zum Beispiel, daß andere ein Thema vor ihm publizieren und mißbrauchen könnten: «Was zum Teu-

Maxwell E. Perkins (1882–1947), der verständnisvolle Lektor, der Fitzgeralds gesamte Arbeiten betreut, ihn immer wieder zum Schreiben ermutigt und finanziell gestützt hat, ein Familienfreund.

fel nützt es, gute Romane zu schreiben, wenn so ein Haufen alter Weiber es verhindert, daß irgend jemand die Wahrheit erfährt!»

Im Februar kommt ein persönlicher Schrecken dazu: Zelda hält sich für schwanger. Er reagiert, indem er ihr Pillen zum Abtreiben schickt. Eine briefliche Äußerung von ihm findet sich bislang in der Korrespondenz nicht.

Zelda schreibt ihm: «Liebster – ich wollte es, Deinetwegen, weil ich weiß, was für ein Durcheinander ich anrichte und wie ganz unpassend es alles ist – aber ich *kann* und *will* diese schrecklichen Pillen einfach nicht nehmen – und so habe ich sie weggeworfen – Lieber würde ich Salzsäure trinken … und außerdem würde ich lieber *eine ganze Familie* auf mich nehmen, als meine Selbstachtung verlieren … versuche zu verstehen, bitte, Scott – und tu, was Du für das beste hältst – aber bitte tu NICHTS, ehe wir es nicht *wissen*, denn Gott – oder irgend etwas – hat immer alles wieder in Ordnung gebracht – vielleicht auch dies.»

Sie war, wie sich herausstellte, nicht schwanger. Aber in die hochfliegenden Pläne war immerhin ein neuer, alles verändernder Gedanke getreten. Und anderthalb Jahre später war er Realität.

«Heute ist Ihr Buch erschienen», schreibt Maxwell Perkins am 26. März 1920 an Fitzgerald. «Die Bücherpyramide, die wir in einem unserer Fenster ausfgebaut haben, ist beeindruckend: und ich habe selbst gesehen, wie zwei Exemplare im Laden verkauft wurden. Ich denke, wir werden sehr bald einige beachtliche Rezensionen in den Zeitungen haben, denn wir haben mit einer ganzen Reihe von Literaturredakteuren hier gesprochen, und sie werden sich das Exemplar, das wir ihnen geschickt haben, bestimmt sofort ansehen. Jetzt werden wir sehen, wie es läuft, aber Sie hatten und haben jedenfalls die begeisterte Unterstützung des gesamten Verlags.»

Nicht alle vielversprechenden Autoren und Autorinnen konnten je und können heute eine so intensive Beteiligung ihres Verlegers erwarten. Scotts persönliche Umgebung in St. Paul, besonders aber die Freunde in Princeton, wo bereits seine Story «Head and Shoulders» in der *Saturday Evening Post* das Interesse angeheizt hatte, warten gespannt. Und auch die angekündigten Rezensionen bleiben nicht aus. Am 9. Mai, noch keine fünf Wochen nach dem Erscheinen, veröffentlicht die vielgelesene *New York Times Book Review* eine ungezeichnete wohlwollende Besprechung: «Der strahlende Geist überschäumender Jugend durchglüht diese ganze faszinierende Geschichte … Das Buch gibt ein nahezu vollkommenes Bild von der täglichen College-Existenz … Die ganze Geschichte ist mehr oder minder zusammenhanglos, büßt aber dadurch nichts von ihrem Charme ein. Dieses Buch konnte nur ein Künstler schreiben, der imstande ist, seine Wertvorstellungen gut in der Balance zu halten und der außerdem über einen amüsanten und angenehmen Stil verfügt.» Ebenfalls ohne Namen, aber aus spürbar kritischer Distanz zu allem, was aus Amerika kommt, äußert sich der Rezensent der englischen Konkurrentin unter den maßgebenden Literaturbeilagen, des *Times Literary Supplement*: «‹This Side of Paradise› von F. Scott Fitzgerald wird die Leser nicht so sehr um seiner selbst willen interessieren, sondern vielmehr als Beispiel für die intellektuelle und moralische Haltung, die sich neuerdings innerhalb der fortschrittlicheren amerikanischen Kreise zu erkennen gibt. Als Roman ist das Buch sehr ermüdend; sein Wert liegt weniger im Menschlichen als im Literarischen, und seine Figuren, Männer wie Frauen, gehören fast ohne Ausnahme zu einer Clique ärgerlicher Poseure, deren Unterhaltungen vor allem in einer übergenauen Selbstanalyse bestehen und von geradezu unglaublicher Künstlichkeit sind …» Es folgen Dialogbeispiele, deren besonderer Sprachwitz empört abgelehnt wird. «Kann man sich solche Dialoge vorstellen – selbst in Amerika, wo schwarze Katzen zweifellos weniger schwarz und Egozentriker noch phantastischer selbstbezogen sind als in unseren nicht so frühreifen europäischen Ländern?» Dann aber fügt der Rezensent oder die Rezensentin eine hintergründige Diagnose an: «In all ihrer Unwirklichkeit kündigen sie eine antipuritanische Phase an, die vielleicht über ihre rein literarischen Anfänge hinauswachsen und zu einer vitalen Kraft in der Entwicklung der amerikanischen Kultur werden könnte.»

Die von Fitzgerald am ungeduldigsten erwartete Rezension von H. L. Mencken in *The Smart Set* folgt im August, unter dem Titel «Mehr oder minder amüsante Bücher», aber schon der Anfang hebt die darin ausgedrückte leise Herablassung auf. «Der beste amerikanische Roman, den ich kürzlich zu Gesicht bekommen habe, ist noch dazu das Produkt eines frisch Initiierten des Geistes, F. Scott Fitzgerald ... mit ‹This Side of Paradise› legt er einen wahrhaft verblüffenden ersten Roman vor – eigenwillig in der Struktur, außerordentlich gekonnt in der Verfahrensweise und von einer Brillanz, die ebenso selten ist in der amerikanischen Literatur wie Ehrlichkeit in der amerikanischen Staatskunst. Im allgemeinen erweist sich der junge amerikanische Romanschreiber als naiver, sentimentaler und irgendwie gräßlicher Ignorant ... In neun von zehn Fällen findet man ihn schockiert über die Entdeckung, daß Frauen nicht die vollkommenen Engel sind, die sie zu sein vorgeben ... Fitzgerald ist nicht von dieser Art. Im Gegenteil, er ist ein höchst kultivierter und ziemlich durchtriebener Bursche ... Mehr noch, er ist ein Künstler.»

Hier entsteht mit der leichten Hand des literaturfaszinierten, auch routinierten Publizisten ein aufmerksames Porträt des Künstlers Fitzgerald als junger Mann.

Mencken wird auch weiterhin zu den kritischen Freunden des jungen Autors und dessen Lieblingsmodell gehören. Aber was auch immer die Kritiker schreiben, ob sie das Buch flapsig in der Moral und flüchtig geschrieben finden oder dem Autor Genie zuerkennen, ob sie ihn von H. G. Wells oder von James Joyce abhängig sehen, ob sie die Offenheit seiner Sprache in erotischen Szenen loben oder rügen – seine Zeit- und Altersgenossen beiderlei Geschlechts erkennen in diesem Erstling ihr Lebensmodell, und das Buch wird – ähnlich wie später Salingers «Der Fänger im Roggen» oder Françoise Sagans «Bonjour tristesse» – zu einer Erscheinung, die literarische Kriterien gleichsam aufweicht und seither einigen jungen Autoren gefährlich geworden ist: Es wird zum «Kultbuch». Genauer: zum Jugendkultbuch. Denn in mehr als einem Sinn sind die zwanziger Jahre eine Fortsetzung der Jugendbewegungen um die Jahrhundertwende. Allerdings ist diese junge Intelligenzija nicht wie die um 1900 lebensreformerisch und idealistisch gesinnt, sondern von einem Krieg gekränkt und eines Schlechteren belehrt, skeptisch bis zynisch, hastig und kurz angebunden im Hinblick auf die eigenen Wunschziele, lebensgierig und ungläubig, was weitere Versprechungen angeht. Der Lyriker John Peale Bishop, Scotts Freund aus Princeton, der das Buch bereits 1919 im Manuskript gelesen hatte, schrieb an Fitzgerald: es ist «verdammt gut, stellenweise brillant, und sein größter Fehler sind seine Überfülle und der Mangel an Entwicklung». Rückblickend versucht er sich die ungeheure Publikumsresonanz zu erklären und trifft ins Schwarze, wenn er notiert: «Aufrichtigkeit statt Heuchelei, Spontaneität anstelle von Beherrschung, Freiheit von Repression – wer konnte einem solchen Programm widerstehen? Die Resonanz war gewaltig.» Auch der Verkauf läßt sich gut an: Vier Tage nach Erscheinen von «This Side of Paradise» ist die erste Auflage verkauft. Ende 1921 sind es 49 000 Exemplare – ein Erfolg, der nicht an heutigen Bestsellerzahlen gemessen werden darf.

Am 30. März 1920, einem Dienstag, schickt Scott folgendes Telegramm an Zelda: «... WIR HALTEN ES FÜR DAS BESTE AM SONNABEND MITTAG ZU HEIRATEN – WIR WERDEN FURCHTBAR NERVÖS SEIN BIS ES

Zelda Sayre im Februar 1920, kurz vor ihrer Hochzeit mit Scott Fitzgerald,
der eben seinen ersten Roman mit großem Erfolg veröffentlicht hatte. Ein
ernstes Gesicht mit einem zwiespältigen Ausdruck.

VORÜBER IST UND WÜRDEN KEINE RUHE FINDEN, WENN WIR BIS MONTAG WARTEN ... DIE ERSTE AUFLAGE DES BUCHES IST VERKAUFT.»

Viel Zeit bleibt Zelda nicht, um ihre vorbereiteten Sachen zusammenzupacken und sich, begleitet von ihrer Schwester, eilig auf den Weg nach New York zu machen.

Zum ersten Mal verläßt sie den Süden. Es ist der Aufbruch in das große Lebensabenteuer, das sie entschlossen bestehen will. Die liebenswürdige Provinzgesellschaft von Montgomery bleibt zurück, verblüfft darüber, daß die Schönste der Schönen ohne Beisein der Eltern in der Fremde heiraten will, sich der Stadt und ihren Traditionen entzieht und sie um ein Fest nach alter Art mit viel Aufwand, Heiterkeit, Blumen, Tüll und Rüschen bringt.

Die New Yorker Hochzeit weicht in der Tat in allem von den bisherigen guten Sitten ab. Zwar findet die Trauung in der noblen St. Patrick's Cathedral statt, aber dort, der wenigen Gäste wegen, in der Sakristei und, weil Scott nervös wird, noch ehe alle Beteiligten versammelt sind; was Ärgernis erregt. Zelda trägt ihr Frühjahrskostüm mit einem Blumengesteck von Scott als einzigem Schmuck. Ohne Empfang für die nächsten Freunde und Geschwister entschwindet Scott mit Zelda für die Flitterwochen in das elegante Biltmore Hotel. Der *Montgomery Advertiser* versucht das ferne Ereignis etwas aufzuputzen. Am 7. April berichtet er post festum:

«Miss Zelda Sayre, die reizende und attraktive Tochter von Richter und Mrs. A. D. Sayre aus Montgomery, und Francis Scott Fitzgerald, Sohn von Mr. und Mrs. Edward Fitzgerald aus Minnesota, wurden am Sonnabend mittag in der Sakristei von St. Patrick's Cathedral getraut. Die Hochzeit war der Höhepunkt einer Liebesbeziehung, die begann, als Leutnant Fitzgerald mit der neunten Division in Camp Sheridan stationiert war.»

Scott Fitzgerald hatte offenbar schon sehr bald das Gefühl, daß die Ehe mit Zelda ein Fehler war, wie er seiner Tochter Scottie später bekannte. Und Zelda vertraute ihrer Schwester Rosalind knapp drei Jahre nach der Hochzeit an, sie habe Scott nie heiraten wollen. Das kann in beiden Fällen eine nachträgliche Selbstrechtfertigung sein, nachdem der gewagte Versuch sich als Fehlschlag herauszustellen schien. Ebenso möglich aber ist die blitzartige Erkenntnis, daß diese Verbindung nicht gelingen kann.

Sie wird zunächst überdeckt von der Inszenierung des von beiden erfundenen Lebens in New York. Aber schon Scott Fitzgeralds zweiter Roman, «The Beautiful and Damned», den er bereits 1920 beginnt und der zwei Jahre später erscheint, wird eine beängstigend desillusionierte Bilanz aus Scotts und Zeldas Erfahrungen ziehen.

Das Paar oder
Das erfundene Leben

New York, genauer Manhattan, ist in der unmittelbaren Nachkriegszeit die große Attraktion für alle jungen Amerikaner, die literarische oder andere künstlerische Ambitionen haben und ihren provinziellen Hintergrund vergessen wollen. Selbst Chicago kommt mit seinem respektablen Ruf als intellektuelles Zentrum gegen die Vielfalt des Angebots in der Metropole nicht an. Das Stimmungsklima ist «gemischt»: Gegen die letzten Schatten verdüsternder Kriegserlebnisse setzt der größere Teil der jungen Generation einen entschlossenen und hektischen Optimismus, der sich aller geläufigen Aufputschmittel bedient. Vergangenheit und Zukunft verblassen vor der Gegenwart. «Hier und jetzt» ist die Parole. «Amerika war im Begriff, sich zu einem der größten und prächtigsten Festgelage aufzumachen», stellt Scott Fitzgerald fest, und alle sind dabei. Das bohemehafte New Yorker Geistesleben ist beherrscht von ungeduldiger Kritik an der bürgerlichen Vorkriegsgesinnung, vom – schlechten – Alkohol der Prohibition, wie er in den «Speakeasys» zu haben ist (den «Flüsterkneipen», wo er illegal in Kaffeetassen ausgeschenkt wird), von passionierten Liebesaffären und oft quälenden Sexerfahrungen. Wie dünn die Schicht war, die den Flitterglanz und das schwungvolle Dauervergnügen der zwanziger Jahre von einem bedrohlichen kriminellen Untergrund trennten, ahnten vermutlich die wenigsten, die sich sorglos auf diesem Parkett bewegten. Mit der 1919 bundesweit in den USA verkündeten «Prohibition» (die Alkoholherstellung und -verkauf verbot) erhielten illegale Produktion und Einfuhr höchst lohnende Chancen.

New York war Mitte der zwanziger Jahre das Zentrum alles Neuen für die Nachkriegsjugend aus den Provinzstädten im Mittelwesten und Süden – also auch für die Fitzgeralds.

Alkohol war die meistverbreitete, sozusagen die Vulgär-Droge der rauschbedürftigen Nachkriegszeit. Daneben gab es für die Reichen den teuren «Schnee» (Kokain). Was so an unkontrollierten Alkoholverschnitten und üblen Gemischen ins Land drang, zeitigte eine katastrophale Gegenwirkung zu der beabsichtigten Abstinenz. Außerdem bildeten die «bootlegger» – die Alkoholschmuggler – Gangs, die sich gegenseitig blutig bekämpften.

«Während der vierzehn Jahre der nationalen Prohibition, die von der Anti-Saloon-League (der Anti-Kneipen-Liga) frohlockend als ‹eine Ära klaren Denkens und einer sauberen Lebensweise› begrüßt wurden, und noch einige Jahre nach dem Widerruf des Verbots (1933) wurden praktisch alle in New York bestbekannten Kneipen, Nachtbars und Tanzlokale von großen Gangsterbossen kontrolliert», schreibt der Journalist und sachkundige Zeitgenosse Herbert Asbury in seinem 1950 erschienenen Buch «The Great Illusion». «Diese Männer hatten den Zufluß der Spirituosen unter Kontrolle und managten Verteilung und Verkauf. Sie betrieben selbst Nachtclubs oder finanzierten sie – teils um sich einen guten Absatz ‹ihres› Alkohols zu sichern, teils aus Eitelkeit. Sie beherrschten die gesamte Unterwelt New Yorks und lenkten die New Yorker Alkoholkriege, in denen an die tausend Schmuggler und Gangster getötet wurden.»

Es ist F. Scott Fitzgerald, der 1925 dem Glanz und der Erbärmlichkeit dieser Existenz zwischen Kriminalität und längst entwerteten Idealen in der Figur des «Großen Gatsby» einen unvergleichbaren Ausdruck geben wird.

Einer der ersten unter Scotts nahen Freunden, die sich in New York ansiedeln, ist «Bunny» (Edmund) Wilson, der, nach einem glänzenden Abschluß in Princeton (1916) und dem Kriegseinsatz in Europa – 1919 aus dem Militär entlassen –, wie gewohnt aus Schüler- und Studententagen in einer «Wohngemeinschaft» lebt, in der geredet, gemalt, geschrieben und musiziert wird und alle hoffen, Genies zu sein.

Wilson gehört nicht zu den literarischen Berühmtheiten der zwanziger Jahre wie Fitzgerald, Dos Passos und später Hemingway, aber das, was er über zeitgenössische Kunst und Gesellschaft schreibt – so Leon Edel, der Herausgeber seiner durch Jahrzehnte geführten Notizbücher –, «gab seinem Namen sehr bald eine unangreifbare Autorität». Er ist einer der ersten in Amerika, der T. S. Eliots «The Waste Land» und James Joyce' «Ulysses» kritisch und mit tieferem Verständnis für ihre antinaturalistische Modernität rezensiert. Und er ist und bleibt der aufrichtigste, schonungsloseste und beständigste unter Scott Fitzgeralds Kritikern. Ohne sich den Verlockungen New Yorks zu entziehen, verfolgt er konsequent seinen Weg zum geschätzten Schriftsteller und maßgebenden Kritiker. «Ich schreibe keinen Roman», teilt er im Juli 1919 Scott Fitzgerald mit, dessen Romanpläne er kennt, kritisch sieht, vielleicht auch ein wenig beneidet, «aber sonst schreibe ich fast alles, und einiges wird angenommen.» Kaum in New York, findet er eine redaktionelle Arbeit bei der Zeitschrift *Vanity Fair*, und wenig mehr als ein Jahr danach gehört er zum Redaktionsstab des seriösen Blattes *The New Republic*. Bei *Vanity Fair* trifft er einen weiteren alten Freund aus Princeton-Tagen, den Lyriker John Peale Bishop. Sie arbeiten zusammen, sie schreiben sogar miteinander ein bitter-satirisches Buch («The Undertakers Garland»), das noch einmal das Thema der Todeserfahrung im Krieg – das Thema Tod überhaupt – aufnimmt und eine entsprechend schwache Resonanz findet. Und sie verlieben sich in die gleiche Frau: die Lyrikerin Edna St. Vincent Millay, eine der schönen und begabten Extravaganten von Greenwich Village, Manhattans seit der Jahrhundertwende berühmt-berüchtigtem Künstlerquartier. Edna wird zu Wilsons – unvermeidbar – unglücklicher «grande passion», der die Konkurrenz des Freundes noch eine besondere Note hinzufügt. In seinen Notizbüchern der zwanziger Jahre figurieren fast alle, die zur New Yorker Szene gehören, häufig auch die

Edmund («Bunny») Wilson (1895–1972) gehörte zu den lebenslangen Freunden, die Fitzgerald beim Studium in Princeton kennenlernte. Er blieb sein «kritisches Gewissen».

Fitzgeralds. Außerdem liefern diese Notate ein durch seine Person gefiltertes charakteristisches Bild von den alltäglichen Schwierigkeiten und dem moralischen Dilemma mancher der jungen intellektuellen Zuzügler.

«Ich entschied, daß ich lange genug unschuldig gewesen war», heißt es da in den frühen Eintragungen, «und ich beschloß, ein Kondom zu kaufen. Ich ging zu einem Drugstore in Greenwich Avenue und beobachtete nervös von draußen, ob auch wirklich keine Damen drinnen waren. Schließlich ging ich hinein und fragte danach. Der Verkäufer verschwand zu einem Verkaufstisch im Hintergrund und brachte mir ein Kondom aus Gummi, das er mir lebhaft empfahl. Um mir dessen Verläßlichkeit zu beweisen, blies er es zu einem Ballon auf. Aber das Kondom, derart überdehnt, platzte, und dies erschien mir wie ein Omen. Ich überwand meine Scheu vor Frauen bald, wurde aber doch das Opfer vieler sexueller Mißgeschicke, die ich mir bei etwas früherer Erfahrung hätte sparen können, wie: Abtreibungen, Gonorrhö, Verstrickungen aller Art, ein gebrochenes Herz.»

Das «gebrochene Herz», durchaus nicht so selten, wird in der Regel entweder in Alkohol ertränkt oder durch ironische Nonchalance getarnt. Und die übrigen, einer prüden Erziehung entsprungenen Mißlichkeiten sind offenbar vielen in dieser Zeit gemeinsam.

Die Fitzgeralds sind eines der wenigen verheirateten Paare unter den gleichaltrigen Freunden. Deren Neugier auf Zelda ist durch Scotts Andeutungen in Gesprächen und Briefen bereits geweckt. Bei endlosen, hochalkoholischen Parties in den immer provisorischen Behausungen von Scott und Zelda wiederholt sich die Wirkung, die diese einst auf ihre Montgomery-Beaus ausgeübt hat: Die meisten sind hingerissen von ihrem intelligenten, witzigen Charme. Zelda flirtet hemmungslos mit allen – und Scott toleriert es, durchaus geschmeichelt von dem Erfolg *seines* «golden girl» – solange sie und alles, was sie ist und tut, ihm «gehört».

Ein anderer der schreibambitionierten Princeton-Freunde, Alexander McKaig, der die Fitzgeralds in ihrer New Yorker Zeit häufig sieht, führt ein minutiöses Tagebuch – auch über sie. Bereits acht Tage nach der Hochzeit findet sich folgende Eintragung: «Besuchte Scott Fitz und seine Braut, eine temperamentvolle kleinstädtische Southern Belle. Kaut Kaugummi, zeigt ihre Knie. Glaube nicht, daß die Ehe gelingen kann. Beide trinken heftig. Denke, daß sie in drei Jahren geschieden sein werden, Scott noch etwas Großes schreiben und dann mit zweiunddreißig in einer Dachkammer sterben wird ...» Eine damals gewagte, aber nicht ganz fehlgehende Prognose. Ein paar Monate später notiert er: Die Fitzgeralds brechen lärmend und stockbetrunken um Mitternacht bei ihm ein, Scott rät ihm, bei der Verbindung von Werbearbeit und Literatur zu bleiben, versichert ihm aber zugleich, daß er es literarisch nie zu etwas bringen werde. Am 31. August 1920 stellt der Tagebuchschreiber fest, daß unter all den Freunden nur einer an einen anderen glaube, nämlich Wilson an Fitzgerald. «Entspringt ihrer Freundschaft im College, nicht ähnlichen literarischen Neigungen, Idealen, Überzeugungen.» Am 15. September notiert McKaig einen erneuten mitternächtlichen Überfall der schwer zerstrittenen Fitzgeralds. «Fitz sollte Zelda gehen lassen und ihr nicht nachlaufen ... Das Schlimme ist, daß Fitz ganz von Zeldas Persönlichkeit eingenommen ist ... Sie hat ihm das Modell für alle Frauenfiguren geliefert ...»

Trotz dieser kritischen Anmerkungen ist auch er entzückt von ihrer präzisen Intelligenz, ihrer unwiderstehlichen Ausstrahlung. Und er bekennt: «Sie ist zweifellos die gescheiteste und schönste junge Frau, die ich kenne.» Auch ihr Einfluß auf Scotts Arbeiten, vor allem in den Stories, entgeht ihm nicht, und Scott selbst erklärt – so McKaig –, daß die frühen Stories «The Jelly Bean» und «The Ice Palace» ganz und gar auf Zelda zurückgehen. Vor allem «The Ice Palace» aus der ersten Story-Sammlung «Flappers und Philosophers» reflektiert erkennbar Zeldas eigene Ängste vor der frostigen Härte des nördlichen Minnesota, und zu «The Jelly Bean» – der typisch südstaatlichen Figur des Nichtstuers – gibt Fitzgerald in den etwas späteren «Tales of the Jazz-Age» eine Erklärung ab: «Dies ist eine Geschichte aus dem amerikanischen Süden ... Sie wurde kurz nach dem Erscheinen meines ersten Romans geschrieben, und ich hatte dabei zum ersten Mal einen Mitarbeiter ...» Da ihm einige südliche Gepflogenheiten unzugänglich gewesen seien, habe er diese Passagen seiner Frau – einem «southern girl» – zur Bearbeitung übergeben.

Trunkene, später widerrufene Bekenntnisse, Anerkennung und zugleich deutliche Eingrenzung ihres Anteils. Als der erste Rausch ihrer provokanten Kumpanei vorüber ist und auch Zeldas tiefinnere Abhängigkeit von Scott – wie sie sich bewegend und beängstigend in einigen Brieffragmenten äußert – schwindet, wird Zelda zeigen, daß sie Scotts Manipulationen durchschaut.

Aufmerksam auf ihre sprachliche Eigenart und ihre eigenen erzählerischen Möglichkeiten wird sie zum ersten Mal, als der gescheite, weltläufige und um einiges ältere George Jean Nathan, Mitherausgeber von *The Smart Set* (neben H. L. Mencken), in den Freundeskreis tritt. Als bekannter «womanizer» ist er nicht nur angezogen von Zeldas Äußerem und ihrem Temperament, er geht auf ihre scharfsinnigen und witzigen Aperçus ein, ahnt ein selbständiges Talent, zeigt sich interessiert an ihrem von Scott für seine Zwecke konfiszierten Tagebuch (das er als «Material» für Scott schon kannte) und will – wohl nicht ganz ohne provokante Absicht – Teile daraus in seiner Zeitschrift abdrucken, sehr zu Fitzgeralds Verdruß. (Es kommt nicht dazu.) Seine Briefe an Zelda sind ein geistreiches Spiel mit dem Feuer, das er gefangen hat. Scott hält es schließlich für nötig, die Beziehung zwischen den beiden gründlich abzukühlen.

Es gibt durchaus auch prekäre Momente im vertrauten

Kreis, wie Edmund Wilson als «Augenzeuge» berichtet, so wenn Zelda den einen der Freunde auffordert, ihr beim Bad behilflich zu sein, oder darauf besteht, mit einem anderen das Zimmer zu teilen, in dem er schläft. Man könnte ihr leicht nymphomane Neigungen unterstellen oder eine Bereitschaft zum flinken Seitensprung. Aber bei aller Lockerheit des Umgangs miteinander, bei aller – oft aufgesetzten – Frivolität gehören rasche Bettgeschichten oder gar Promiskuität in diesem Kreis nicht zur Tagesordnung. Und auch das umgangssprachliche wie das literarische Vokabular der Epoche ist bei weitem nicht so selbstverständlich von Sex und den berüchtigten «four letter words» durchtränkt wie heute.

Für Zelda ist Flirt, ist die erotische Provokation über jedes anerzogene Rollenspiel hinaus eine Äußerung ihres vitalen Überschwangs und Übermuts – jedenfalls noch in den New Yorker Anfängen. Zunehmend allerdings bemüht sie sich zwanghaft, einer fixierten Vorstellung von sich zu entsprechen oder sie noch zu überbieten. Hinter der glänzenden Fassade des unbändigen «golden girl» steckt das Mädchen aus der Provinz, das die scharfsichtige und -züngige Dorothy Parker in Zeldas Physiognomie und Gehabe erkannte, und das auch Scott vor dem New Yorker Hintergrund in ihr entdeckt: Mit einem Male geniert ihn das Outfit der Southern Belle bei der Frau an seiner Seite, und er begeht die Taktlosigkeit, ihr eine frühere Freundin als Beraterin bei ihren Modeeinkäufen aufzudrängen. Zelda lernt den knapperen großstädtischen Schick im Handumdrehen und auch, daß er teuer sein darf. Aber sie vergißt diesen herabsetzenden Eingriff in ihre Selbständigkeit nie.

Für alles, was die Fitzgeralds in dieser Zeit tun oder lassen, ist Geld das wichtigste Vehikel. Scott Fitzgerald ist nicht mehr der «arme Junge» unter Reichen. Er hat nach seinen literarischen Erfolgen zum ersten Mal Geld – überwältigend viel Geld –, und er zeigt es. Er steckt größere Scheine lässig in die Brusttasche seines Jacketts und zündet sich mit Fünfdollarnoten seine Zigaretten an. Eher das Benehmen eines Parvenus als eines Gentleman, der er doch bei aller Extravaganz sein möchte. Er kann, wie sich sehr bald zeigt, nicht mit Geld umgehen, und Zelda, die es auch nie gelernt hat, folgt ihm willig beim Verschwenden. Die wirklich außergewöhnlich großen Summen, die Scott Fitzgerald innerhalb der drei ersten Jahre seines literarischen Ruhms einnimmt, schmelzen ebenso schnell dahin wie die Zeit. Immer wieder bittet er seinen Scribner's-Lektor Perkins um größere Beträge außerhalb der üblichen Abrechnung – oft mit eher peinlichen Begründungen wie «... meine Familie scheint einen Pelzmantel zu benötigen», und Perkins reagiert immer bereitwillig und mit dem Hinweis auf die Aussicht weiterer guter Verkäufe.

Im Dezember 1920 möchte Fitzgerald nochmals 1000 Dollar: «... damit könnte ich, denke ich, meine Weihnachtsgeschenke bestreiten.»

In den «Tales of the Jazz-Age», die Frances «Scottie» Fitzgerald, die 1921 geborene Tochter des Paares, 1960 neu herausgab, stellt sie in der Einleitung den Einnahmen von 20000 bis 25000 Dollar im Jahr (damals ein Höchsteinkommen – nicht nur für einen Schriftsteller) eine Seite aus dem «Ledger», dem «Kontobuch», gegenüber, in das Scott Fitzgerald die monatlichen Ausgaben nach «Sparten» geordnet auf das genaueste eintrug. In der mit «Trips, Pleasure and Parties» (Ausflüge, Vergnügen, Parties) überschriebenen Rubrik machen «house liquor» (Alkohol im Hause) im Monat 80 Dollar aus, «Wild parties» betragen 100, «Miscellaneous cash», was immer das sein mag, 276. Verglichen mit Miete (300) und Essen (200) immerhin erkleckliche Beträge. Zeldas Kleider kosten mit 100 Dollar dreimal soviel wie Scotts Anzüge (33). Daß Bücher nur mit 14,5 Dollar und Zeitungen/Zeitschriften mit 5 Dollar zu Buche schlagen, verwundert bei einem doch intellektuell ambitionierten Paar. Aber sich eine Bibliothek anzulegen kann kaum ein Ziel sein

bei dem ständigen Ortswechsel: aus New York nach Westport, der größeren Ruhe und Konzentration wegen, aus
Westport der Langeweile halber wieder zurück nach New
York und dort von Wohnung zu Wohnung. Die Monats-
ausgaben von 1923 betragen 2396 Dollar – mehr als die be-
stenfalls zu erwartenden Honorarzahlungen. Die finanzielle
Balance ist schwer zu halten: die Ansprüche und Beanspru-
chungen steigen, der Alkoholkonsum als unerläßliches
Stimulans nimmt zu, die literarische Produktion wird mühsamer. Das unheilvolle Karussell aus Verschwendung, Schulden, Versprechungen, hastiger Schreibefron rotiert immer
schneller und läßt sich nicht stoppen. Die Lebensführung
des jungen Paares geht weit über ihre – ihnen selbst – un-
durchschaubaren Verhältnisse. Das hat Spannungen und
Querelen zur Folge, die in geselliger Betriebsamkeit nicht
mehr aufzulösen sind. Ist es wirklich Zelda, die das Karussell
derart in Gang hält, weil sie sonst nichts Rechtes zu tun
weiß? Und: «Was soll sie tun?» fragt sich auch der Beobachter McKaig. Ein Heimchen am Herd zu sein hat sie nie
versprochen, und da ist sie von ungerührter Konsequenz.
Ihre Wohnung sei ein «pig-sty», notiert McKaig – ein Sau-
stall.

Das Dilemma ist deutlich: Wenn sie sich in der Wohnung
aufhält, kommt Scott nicht zum konzentrierten Schreiben,
ist sie fort, gelingt es ihm ebensowenig, weil er sich fragen
muß, was sie anstellen oder in welcher Gefahr sie sein mag.
Das Amt der Muse fängt an, sie zu erschöpfen. Scott provoziert sie zwar weiterhin zu extravagantem Verhalten, damit
er über all ihre «Verrücktheiten» schreiben kann. Aber zugleich fängt er an, sie ihr übelzunehmen, und auch die
Freunde blicken zunehmend scheel. Die Rollenspiele, in
denen die beiden sich – und in denen sie anderen – gefallen
haben, greifen mit der Zeit ihren Sinn für die Wirklichkeit
an – bis beide kaum noch unterscheiden können, was erfun-

Ein offizielles Fotoporträt des erfolgreichen jungen Mannes von 1921. Ein attraktiver Charmeur, ein umschwärmter Autor.

den und was real ist. Immerhin liefert das Schreiben der – für beide lebensnotwendigen – Kurzgeschichten für die *Saturday Evening Post* (wo eine Veröffentlichung inzwischen 900 bis 1000 Dollar bringt) und der aus anderen Gründen für Fitzgerald lebenswichtige Roman (den er kurz nach dem ersten begonnen hat) ihm das Mittel, durch die Übertragung der eigenen Rolle auf seinen literarischen Protagonisten – vielleicht – hinter sein «wahres Selbst» zu kommen. Auch in den Notizen McKaigs findet sich die häufig variierte Äußerung von Scott Fitzgerald (die der Tagebuchschreiber für zutreffend hält), er könne nicht beschreiben, wie jemand fühle und denke, außer für sich selbst und allenfalls noch für Zelda, und er stellt fest, wenn er eine Weile über eine Figur geschrieben habe, werde sie immer wieder er selbst. Zelda bleibt ohne diesen rettenden Kunstgriff in der Rolle stecken und hat keine andere Möglichkeit, als sie ständig zu steigern. Was in diesen ersten Jahren unter ihrem Namen gedruckt erscheint, sind Marginalien für schicke Zeitschriften, in denen sich die ansehnlichen Frauen literarischer Berühmtheiten – verkaufsfördernd – äußern dürfen: kleine feuilletonistische Stückchen oder Glossen, die sich in Zeldas Fall durch Selbstironie von anderen abheben, wie das «Frühstück», das 1925 bei *Harper's* (unter der Rubrik «Rezepte berühmter Frauen», mit dem Untertitel «Mrs. Fitzgerald, die Ehefrau des Autors von …») erschien: «Nachsehen, ob Schinkenspeck vorhanden ist, die Köchin fragen, in welcher Pfanne man ihn brät, erkunden, ob Eier da sind, und wenn ja, die Köchin überreden, zwei davon zu pochieren. Mit Toast sollte man es besser nicht versuchen, da er sehr leicht verbrennt. Auch für den Schinkenspeck die Flamme nicht zu hoch drehen, wenn man das Haus nicht für eine Woche verlassen will. Das Ganze am besten auf Porzellantellern servieren, allerdings tun es auch goldene oder hölzerne, wenn gerade zur Hand.»

Eine mäßig witzige Schmonzette, die immerhin einige kulturgeschichtliche Details in Erinnerung bringt: Toaster waren in den zwanziger Jahren nicht vollautomatisch, man kochte vorzugsweise auf Gas, und bessergestellte junge Ehefrauen waren von verblüffender Ahnungslosigkeit im Haushalt und konnten sich eine Köchin oder ein Hausmädchen leisten. Ganz schön versnobt, das Ganze – für heutige Begriffe.

Im gleichen Jahr wie diese Bagatelle – dem Erscheinungsjahr des «Großen Gatsby» – kommt eine von Zelda und Scott gemeinsam gezeichnete Story «Our Own Queen» heraus, die der Fitzgerald-Biograph und -Herausgeber Matthew J. Bruccoli später Zelda allein zuschreibt. Einige Zeitschriftenredaktionen legen größten Wert darauf, daß der berühmtere Name jedenfalls auch erscheint. Alle übrigen Stories, die Zelda nachzuweisen sind (auch die meisten der acht «verschollenen», die sich in den Notizen von Harold Ober, Scotts und dann auch Zeldas literarischem Agenten, vermerkt fanden), erscheinen wie ihre Zeitungs- und Zeitschriftenbeiträge erst Ende der zwanziger, Anfang der dreißiger Jahre, also in der Zeit um ihren ersten großen Zusammenbruch. Und auch ihren einzigen Roman, «Save me the Waltz», schreibt sie 1930 in wenigen Wochen während eines Klinikaufenthalts. Eine allemal erstaunliche Leistung, noch dazu in ihrem damals desperaten Zustand.

Trotz glanzvoller oder auch skandalöser gemeinsamer Auftritte in der Öffentlichkeit driftet das Paar auseinander. Die gegenseitige Anziehung scheint sich unaufhaltsam zu verbrauchen. «The glamour is off» – als nach knapp zwei gemeinsamen Jahren New York «im Sturm genommen» und der obligate Europatrip absolviert ist, ein Kind geboren wird und Scott Fitzgeralds zweiter Roman mit dem fatal zutreffenden Titel «The Beautiful and Damned» erscheint.

Was bleibt von dem strahlenden Image des Traumpaars? Es bleiben die «unendlichen nächtlichen Monologe», in denen Scott und Zelda sich einander mitteilen und sich wiederzufinden scheinen. Es bleiben Zeldas fragmentarische Bekenntnisse ihrer verzweifelten Abhängigkeit von Scott, die nichts mit sexueller Hörigkeit zu tun hat. («Selbst wenn Du mit einer anderen Frau davonläufst und mich verhungern läßt ... ich würde Dich immer noch wollen, ich weiß es ...») Komplizenhaft beschwört sie ihrer beider Einzigartigkeit «... niemand hat ein Recht zu leben außer uns, und sie (die ‹anderen›, K. St.) machen uns unsere Welt kaputt ...» Exaltionen bis zur Hybris.

Unordnung und frühes Leid. Und das Ganze überzogen vom glitzernden Katzengold dieses Jahrzehnts, angetrieben von seinem neuen Tempo und dessen technischen Requisiten, beschwingt vor allem durch die unwiderstehlichen Rhythmen des Jazz – den poetisch-melancholischen Blues, den härteren Ragtime –, dieser in ihrer Verschmelzung afrikanischer mit europäischen Elementen so ungemein amerikanischen Musik, die von Süden nach Norden auswanderte und aus schwarzen Kaschemmen und Bordellen in die smarte Gesellschaft New Yorks aufstieg. Sie dringt allenthalben aus Bars und Grammophonen, liegt in der Luft, fordert zum Tanzen heraus und wird für Scott und Zelda Fitzgerald und ihre Altersgenossen zum Inbegriff eines – *ihres* – Zeitalters. Im Rückblick ist es die Epoche, als der Jazz mit George Gershwin – «Rhapsody in Blue», 1924 –, Louis «Satchmo» Armstrong und etwas später Duke Ellington konzertreif und «klassisch» wird.

Nichts ist schwieriger, als das Ephemere einer Epoche, ihren besonderen Duft, ihre lebendige Essenz, aufzufangen und festzuhalten. Im historischen Abstand zu den zwanziger Jahren – und der begann ja bereits in den Dreißigern – entsteht das bis heute weiterbeförderte Klischee von der gloriosen, rauschenden und berauschten Glücksperiode, in der allen der Puls höher und jeder über die Stränge schlug. Wer versucht, dieses Licht-Bild durch düstere Schattenstriche etwas zu korrigieren, gerät in Gefahr, ihm als verdrossener Spielverderber seinen Glanz zu stehlen, ohne der Realität näherzukommen.

Keiner der Zeitgenossen habe seine Zeit so genau wahrgenommen und wiedergegeben wie Scott Fitzgerald, meint Malcolm Cowley, selbst einer der kundigsten und hellhörigsten Chronisten der Epoche. «Verhaltensweisen und Moralanschauungen veränderten sich während seines Lebens unausgesetzt, und er stellte sich die Aufgabe, diese Veränderungen aufzuzeichnen. Sie teilten sich ihm nicht durch Statistiken oder aktuelle Berichte mit, sondern in lebenden Personen, und diese Personen wiederum gaben sich durch ein bestimmtes Verhalten und durch Gesten zu erkennen, und jede einzelne war charakteristisch für ein bestimmtes Jahr …»

«The Beautiful and Damned» bestätigt das hier gerühmte Talent, diese sehr spezifische Mischung aus detailgenauem Realismus und «Romantik», diesem Begriff, mit dem Fitzgerald sich selber beschreibt, seit er schreibt. Der «romantische Egozentriker» verschwand aus dem Titel seines ersten Buches, aber nicht aus seinem Selbstverständnis. Er hält sich nicht für einen knochenharten Realisten, dem es genügt, die Welt abzubilden, wie sie ist. Er hat Vorstellungen, wie sie sein sollte – zumindest die nähere, die individuelle Welt, aber er und seine Protagonisten scheitern daran, sie zu verwirklichen. Sie scheitern, abgekürzt gesagt, an der Unvereinbarkeit von Geld und Glück. Die oft glänzenden Verhältnisse, sie sind dennoch nicht so. Hier geht es um ein junges Paar aus bestem Geldadel, das sich durch die Gesellschaft der Schönen und Reichen treiben läßt und sich in teurem Nichtstun erschöpft und demoralisiert. Bei Fitzgeralds eingestandener Unfähigkeit, sich sehr weit von sich und Zelda als Modellen zu entfernen, darf man schon stark autobiographische Züge in den beiden Hauptfiguren vermuten – auch wenn Fitzgerald seiner Tochter Scottie gegenüber später andeutet, daß

Titelseite von *Vanity Fair*, einem der amerikanischen Hochglanzmagazine der zwanziger Jahre, zu denen auch *Esquire* und *The Smart Set* gehörten. Bei ihnen allen verdiente Fitzgerald am besten.

die Figur der Gloria viel gröber und vulgärer geraten sei als das Urbild Zelda.

Auch der im Februar 1922 erscheinende zweite Roman wird von den Kritikern ermutigend beachtet. Sie verstehen das Buch überwiegend richtig: ein Rezensent titelt in der *New York Post* vom 4. März: «The Flapper's Tragedy». Fitzgerald habe, überraschend, eine nahezu kompromißlose Tragödie seiner Generation geschrieben – ganz ohne puritanisch erhobenen Moralfinger oder ibsensche Verzweiflung an der Menschheit als solcher: Das Buch zeige sein künstlerisches Gewissen und seine intellektuelle Fähigkeit zu lernen, «wie sich das Leben, das ihn fasziniert, beherrschen läßt». Noch allerdings ergehe er sich in allzu weitläufigen Schilderungen von Trinkgelagen und anderen Exzessen, in philosophischen Spekulationen und literarischer Kritik in einer Breite, «die eigentlich nur im Tagebuch eines sehr jungen Mannes erlaubt ist ... Wer aber nur die Cocktails mißbilligend nachzählte, die hier getrunken werden, dem würden die Zeichen zunehmender künstlerischer Potenz in diesem Buch entgehen». – «Wenn auch Anthony Patch, der Held, eine Null ist ... so ist Gloria eine originale Schöpfung und in ihrer Aufrichtigkeit erschreckend.» Natürlich beschreibe der Autor mit dem Flapper eine extreme Erscheinung innerhalb der jungen Generation, «aber in dieser Randzone finde man den sensibleren Geist und die größere Lebensfülle und Heiterkeit, auch Gefühl und Denkvermögen ... junge Männer und Frauen, die den Zauber und die Inspiriertheit der Jugend augenfällig verkörpern». Das Fazit sei, so der Rezensent, «daß wir etwas abgestoßen, etwas gerührt und zutiefst interessiert sind». Keine schlechte Wirkung auf einen Leser. Und einen Tag später äußert sich der alte Universitätsfreund, John Peale Bishop, ausführlich im *New York Herold* und meint schon im Titel: «Mr. Fitzgerald durchschaut den Flapper». Sein eigenes Geschöpf also. Für Bishop ist die Desillusion unverkennbar: «Das Leben ist bedeutungslos, die Schönen sind verdammt, der Glanz, den er einmal zu erblicken meinte, war nur ein Gazevorhang vor der Bühne, um die Tatsache zu verhüllen, daß diese Nymphen im Dämmerlicht letztlich doch nur Balletteusen mittleren Alters waren.» Und er fragt sich, was es eigentlich mit der Ironie auf sich hat, deren sich alle jungen amerikanischen Autoren so beflissen bedienen. Er findet, ihnen fehle die Distanz und Souveränität, die wahre Ironie aus der Erkenntnis des Lebens, wie es ist, gewinnt. Anthony, der Held, bleibe blaß. «Weltklug, wie er sich gibt, befindet er sich ständig in der Illusion, intellektuell und charakterlich den Menschen um ihn herum weit überlegen zu sein.» Da kommt die persönliche Kenntnis des Autors ins Spiel. Auch Gloria wird wenig wohlwollend beurteilt: «Sie ist die Rosalind aus ‹This Side of Paradise›, gesehen mit ein wenig älteren und weniger romantischen Augen.» Und ihr haftet die «unentrinnbare Vulgarität» an, die Fitzgerald später an seiner Figur bedauerte. «Gloria hat den harten Eigenwillen eines Kindes und auch dessen Verdrießlichkeit und Eitelkeit.» Es gibt weitere Hinweise darauf, daß der Autor diesmal zornig und enttäuscht, ja verächtlich an seinem Dauermodell Maß genommen hat.

Bishop erkennt und benennt die Schwächen des Buches und seines Autors schonungslos: «Seine Ästhetik läßt zu wünschen übrig, sein literarischer Geschmack ist gelegentlich äußerst schlecht.» Aber er lobt die gelungene Charakteristik der Nebenfiguren und attestiert dem so offensichtlich desillusionierten Autor Vitalität und mit ihr die Hoffnung auf Besseres. Auch Zelda wird von der *New York Tribune* um eine Rezension über «Friend Husband's Latest», dem jüngsten Roman von Scott, gebeten. Sie beschreibt den Roman in leicht (selbst)ironischem Ton aus dem Blickpunkt von Gloria (mit der sie sich zu identifizieren scheint), gewissermaßen als «Gebrauchsanweisung» für das fashionable Leben, vom Lippenstift bis zur Inneneinrichtung. Sie gibt sich dabei so oberflächlich und unersättlich wie die Heldin – so wie viele sie von außen sehen. Hier erwähnt sie übrigens auch Scotts Verwendung ihres Tagebuchs und ihrer Briefe und notiert die lohnende Erkenntnis, daß Plagiieren zu Hause beginne.

Dieser Roman ist ein Abgesang auf den so mutig angetretenen Flapper und seine Zeit, eine Elegie auf die Selbstverwüstung zweier Menschen, die der großen Illusion des Geldes und der Machbarkeit des Glücks hemmungslos erliegen.

Wieder läßt Scott Fitzgerald dem kritischen und finanziellen Erfolg des Romans eine rasch zusammengestellte Sammlung von Stories folgen, eine Mischung aus sehr Gutem und eher Trivialem. Immerhin enthalten die «Tales of the Jazz-Age» – der Titel schaut zurück – zwei seiner besten Stories: «May Day» und vor allem «A Diamond as Big as the Ritz», eine realistisch beginnende phantastische Geschichte, mit der er sich ganz bewußt auf Edgar Allan Poes berühmte Novelle «Der Untergang des Hauses Usher» (1839) bezieht, wie er überhaupt dem großen Erzähler und Alkoholiker wahlverwandt ist. Unter dem aufwendigen Schloß der Superreichen Washingtons – nomen est omen – ist ein riesiger Diamant verborgen. Besucher und Freunde, die davon trotz der völligen Abschottung des gesamten Areals Kenntnis bekommen, müssen mit dem Leben bezahlen. Zuletzt verbrennt das Ganze bei einem Luftangriff zu einem Berg schwarzer Asche – auch die korrupte Familie im Innern des Schlosses. Nur zwei Töchter und der junge Besucher entkommen dem Desaster. Mit dieser sehr gekonnt aus Science-fiction und Parabel gemischten langen Erzählung distanziert sich der junge Autor zum ersten Mal deutlich von seiner hemmungslosen Bewunderung für die Reichen, erhält die glänzende Oberfläche des amerikanischen Traums einen unverkennbaren Kratzer, erkennt er den «Zeitgeist» der Epoche, die er gefeiert, ja «gemacht» hat, als fragwürdig. Dennoch liegt ihm natürlich alles daran, soviel wie möglich zu verdienen, um aus seiner ständigen Schuldenmisere herauszukommen.

Während er, wieder einmal in St. Paul, schon am nächsten Roman arbeitet – oder auch nicht dazu kommt –, korrespondiert Scott Fitzgerald intensiv und vertraut mit Maxwell Perkins. «Mir geht es höllisch schlecht, weil ich fünf Monate lang gefaulenzt habe, und ich möchte mich an die Arbeit machen», schreibt er im August 1921 aus Dellwood, White Bear Lake, in Minnesota, wo Scott und Zelda nach ihrem ersten hastigen Europatrip auf die Geburt ihres Kindes warten. «Faulenzen versetzt mich immer in diesen besonders verhaßten und greulich trübsinnigen Zustand. Mein dritter Roman – wenn ich je noch einen schreibe – wird ganz gewiß schwarz wie der Tod sein vor Trübsinn. Ich würde mich gern mit einem halben Dutzend ausgewählter Freunde zusammensetzen und mich zu Tode trinken, aber ich habe das Leben, den Alkohol und die Literatur gleichermaßen satt. Wenn es nicht um Zelda ginge, würde ich, glaube ich, für drei Jahre völlig von der Bildfläche verschwinden. Mich als Matrose herumtreiben oder so was und hart werden – ich bin ganz krank von dieser schlaffen, halbintellektuellen Lauheit, in der ich und meine Generation uns herumtreiben.»

Die erste Tour nach Europa, die Scott Fitzgerald und Zelda noch rasch im Anfang ihrer Schwangerschaft unternehmen, ist en vogue, hat aber kaum Ähnlichkeit mit den europabegeisterten und oft schlichten Überfahrten der intellektuellen Exilanten, deren Ziel vor allem Paris ist. Das Paar reist erster Klasse mit eleganter Garderobe im schicken Gepäck und einer gutgefüllten Geldbörse. Ihr eigentliches Ziel ist die Riviera, wo reiche Freunde ihre Villen haben und die renommiertesten Hotels ihnen für wenige Dollars offenstehen. Beide haben nicht so sehr literarische Begegnungen im Sinn als weitere Vergnügungen der New Yorker Art und eben

«Faulenzen»: schwimmen, in der Sonne liegen, mit Freunden trinken, tanzen ...

Scott findet das kriegsmarode Europa schäbig und abstoßend, mag die Italiener und Franzosen nicht, hält sie für inferior (mag übrigens auch Juden nicht besonders, ganz im Sinne eines verhaltenen New-England-Antisemitismus, der bis in die fünfziger Jahre zu verhindern suchte, daß Juden sich an der Ostküste ansiedelten). Seine Begeisterung gilt eindeutig Oxford, «dem schönsten Ort der Welt», den er gleich zweimal aufsucht. Außerdem wird er während des Englandaufenthalts zu John Galsworthy eingeladen, dem damals schon berühmten Gesellschaftsschriftsteller und späteren Nobelpreisträger. Das Zusammentreffen verläuft nicht besonders angenehm: Der Jüngere versucht, sich mit übertriebenem Lob anzubiedern, der Ältere reagiert peinlich berührt und steif.

Diese Art Umgang mißrät Fitzgerald häufig: Seine Gehemmtheit – ein Rest alter gesellschaftlicher Unsicherheit – läßt ihn laut, übertrieben, ja vulgär und wenig gewinnend erscheinen, selbst da, wo er – wie bei der von ihm hochgeschätzten Schriftstellerin Edith Wharton – ein klares Verständnis für seine Sache, das Schreiben, und sein Talent findet.

Es gibt eine Reihe absonderlicher Vorfälle: So führt er, zu scheu, um ein ernsthaftes Gespräch mit dem von ihm verehrten Joseph Conrad zu erbitten, während dessen Aufenthalt in New York mit seinem Freund Ring Lardner einen betrunkenen Tanz vor dem Haus des Verlegers Doubleday auf, bis man beide gewaltsam entfernt. Ein infantiles Verhalten, das sich mit seiner Rolle als der Autor seiner Generation kaum verträgt und an seinem Selbstgefühl nagen muß. Dabei ist er doch als «charmer» angetreten, kann Menschen im Nu für sich gewinnen. Und er ist – ein besonders für ihn einnehmender Charakterzug – großzügig und engagiert Freunden und Kollegen gegenüber. Wo er von einer literarischen

Begabung überzeugt ist, setzt er sich ohne eifersüchtige Bedenken für den Unbekannteren ein – auch bei seinem Verleger, wie seine Korrespondenz mit Maxwell Perkins wiederholt zeigt. So empfiehlt er ihm begeistert und mit Erfolg den wenige Jahre jüngeren und auf Scotts Höhepunkt noch kaum bekannten Ernest Hemingway als vielversprechenden Autor.

Er bleibt eine widersprüchliche Erscheinung: egozentrisch bis zur Brutalität gegen andere und zugleich großmütig und loyal. Er verbraucht seine Jugend rasch, wird aber nur sehr langsam «erwachsen».

Die Rückkehr nach St. Paul im Herbst 1921 und die Geburt der Tochter Frances stabilisieren die rat- und rastlose Existenz der Fitzgeralds kaum. (Frances, genannt Scottie, wird das einzige Kind der beiden bleiben, obgleich Zelda bereits im Januar 1922 wieder schwanger ist und ihr noch weitere – abgebrochene – Schwangerschaften bevorstehen.) Das kleine Mädchen wird unter der Obhut einer Nanny in das unruhige Familienleben einbezogen und übersteht Menschenüberfülle und Alleinsein, Feten und Querelen erstaunlich gut. Sie hoffe, sie werde ein hübsches Dummchen werden, äußert Zelda knapp nach der Geburt. Eine durchaus vieldeutige Aussage. Alabama Beggs, die Heldin in Zeldas Roman «Save me the Waltz» von 1932, sieht die Problematik durchaus: das einsame Kind in dem immer zu großen, leeren, oft wechselnden Gehäuse. Scott erwartet für sie einen Millionär als Mann. Auch dies, gemessen an seinen späteren väterlichen Bemühungen, eher eine der beliebten schick-schnoddrigen Redensarten.

Ein Dreivierteljahr später sind die Fitzgeralds des Provinzlebens endgültig überdrüssig und kehren eilig zurück in die «Welt», das heißt: zunächst nach New York ins Plaza-Hotel zum Schauplatz ihrer Extravaganzen und mehr oder minder spektakulären Exzesse. Nach einiger Zeit ziehen sie weiter nach Great Neck auf Long Island, Treffpunkt der künstlerischen Prominenz und Ort eines ferienhaften Highlife. In dieser Zeit vertieft sich die Freundschaft zwischen Scott Fitzgerald und Ring Lardner, dem begabten, fahrlässig sein Talent vergeudenden Publizisten mit dem sardonischen Witz; auch er ein dem Alkohol Verfallener. Durch «Bunny» Wilson lernt Scott Dos Passos kennen, der gerade mit seinem Kriegsroman «Three Soldiers» erfolgreich debütiert hat. Er findet Fitzgerald trotz dessen intellektueller «Begrenztheit» interessant. «Wenn er über das Schreiben sprach», notiert er von einer gemeinsamen Fahrt nach Great Neck, «wurde sein Verstand, der mir sonst mit den unsinnigsten Vorstellungen von den meisten Dingen angefüllt zu sein schien, klar und hart wie ein Diamant. Er hatte keinen Blick für die Landschaft, fand keinen Geschmack an Essen oder Wein oder an Malerei, hatte kaum ein Ohr für Musik, außer für die gängigsten Songs, aber was das Schreiben anging, war er ein geborener Fachmann.» Auf dem Weg zurück in die City fährt er mit Zelda Riesenrad in einem Vergnügungspark. Später bemerkt er betroffen: «Ich war auf diesen fundamentalen Riß in ihren Denkvorgängen gestoßen, der solche tragischen Folgen haben sollte. Und obgleich sie so reizend war, war da etwas, das mich erschreckte und sogar physisch abstieß.» Einer der wenigen, der in ihrem Verhalten etwas anderes als verwöhnte Launenhaftigkeit spürte, wenn auch nichts, was ihn anzog.

In das Jahr 1922 gehörte Fitzgeralds Experiment mit einem poetisch-skurrilen Bühnenstück «The Vegetable», das in jeder Hinsicht entmutigend ausgeht, obgleich ihm Edmund Wilson – sich wohl an die vielversprechende Theaterzusammenarbeit im College erinnernd – falsche Vorschußlorbeeren spendet. Weder der publizistische noch der so dringend erhoffte finanzielle Erfolg stellen sich ein. Das Stück wird nach einer Woche in New York abgesetzt. Wozu er imstande ist, um seine Finanzprobleme zu lösen, zeigt er nach diesem eklatanten Mißerfolg: In knapp fünf Wochen, in denen er «trocken» bleibt und unter mißlichen äußeren Bedingungen täglich zwölf Stunden arbeitet, verdient er mit Kurzgeschichten für verschiedene Magazine genug, um die dringendsten Schulden abzuzahlen, «aus tiefster Armut in den Mittelstand» zurückzukehren, die nächste Tour ins ungeliebte Frankreich zu finanzieren und das seit langem versprochene dritte Buch zu schreiben: «The Great Gatsby». Soweit scheint die Balance wiederhergestellt. Aber der «Ledger», das «Kontobuch», vermerkt für das Jahr 1922: «Kein Boden unter unseren Füßen.»

In einem Brief an Perkins vom 10. April 1924 zieht er wieder einmal Bilanz. «Erst in den letzten vier Monaten ist mir bewußtgeworden, wie sehr ich, ja, nahezu heruntergekommen bin in den drei Jahren, seit ich ‹The Beautiful and Damned› beendet habe. Während der letzten vier Monate habe ich natürlich gearbeitet; aber in den mehr als zwei Jahren davor habe ich nur ein einziges Stück geschrieben, ein halbes Dutzend Kurzgeschichten und drei oder vier Artikel – im Schnitt also hundert Wörter am Tag. Wenn ich diese Zeit dazu genutzt hätte, zu reisen oder irgend etwas zu tun – auch nur, gesund zu bleiben –, wäre es etwas anderes, aber ich habe sie nutzlos vertan, mich weder mit Studien beschäftigt noch nachgedacht, sondern nur getrunken und mir das Leben zur Hölle gemacht.»

Und der reuige Sünder bittet Perkins (inzwischen «Dear Max») inständig um noch etwas Geduld mit seinem nächsten Buch, darum, ihm zu vertrauen, daß er sein Bestes dabei geben werde. Zunächst aber müsse er sich noch einige schlechte Angewohnheiten abgewöhnen, zu denen neben Faulheit, Befangenheit und Selbstzweifel auch gehöre «Zelda alles mitzuteilen – eine furchtbare Angewohnheit – nichts soll man irgend jemandem mitteilen, ehe es fertig ist». Es ist nicht die übliche Anklage, Zelda sei zu anspruchsvoll oder störe ihn bei der Arbeit, die auch im Freundeskreis immer deutlicher hörbar wird. Ihre «Mitwisserschaft», die letzte Bindung an ihn über das, was er tut, wird von ihm denunziert und soll aufgekündigt werden. Selbst die Zelda zunächst so zugewandten Freunde wie Mencken und der immer faire Perkins lassen Ungeduld erkennen: Scott sei extravagant und unverantwortlich, sie aber sei die Schlimmere von beiden: sie provoziere ihn zu dieser Unverantwortlichkeit.

Europa: Freunde, Helfer, Widersacher

Wer eigentlich ist diese vierundzwanzigjährige Frau, Mutter einer dreijährigen Tochter, die in einer fragwürdig gewordenen Beziehung lebt, ihre Talente lässig vertut und ihr Seelenheil und zumindest das Mißbehagen anderer für ein gelungenes Bonmot zu riskieren bereit scheint? Wer ist sie außer der, die sie «darstellt»?

Vielleicht ist es an der Zeit, sich ihr Bild – ihr Abbild – in den Fotografien dieses Jahrzehnts, ihre unmittelbare Spiegelung in anderen genauer anzusehen. Für die meisten Männer ihres Freundeskreises bleibt sie attraktiv, amüsant bis geistreich, ein «Original», etwas verrückt. Der in Frankreich neugewonnene Freund Gerald Murphy findet sie schön von Gesicht und Gestalt, Bewegung und Stimme, die das besondere südliche Timbre habe. «Sie hatte einen ausgeprägten Sinn für ihre eigene Erscheinung und trug gern füllige, anmutige Kleider», erinnert er sich und fügt, offenbar als Maler davon beeindruckt, hinzu, «und sie hatte einen ausgesprochenen und wagemutigen Sinn für die Farben, die ihr standen.» (Er entsinnt sich besonders an staubige Rosa- und Rottöne.) Bemerkenswert findet er, daß die Pfingstrose ihre Lieblingsblume ist, mit der sie sich und ihre Umgebung gern schmückt. «Irgendwie ist sie ein Ausdruck ihrer Person.» Frauen urteilen anders. Auf Dorothy Parker, die Scharfzüngige, wirkt ihre Schönheit provinziell. Die englische Autorin Rebecca West attestiert ihrem Gesicht «eine fast schroffe Reizlosigkeit» (das Kraftvoll-«Habichthafte» und den durchdringenden Blick unterschlägt übrigens auch Murphy nicht). «Es hatte eine merkwürdige Unausgeglichenheit, wie man sie bei Géricault in seinen Bildern von Geisteskranken findet.» Sie fand Zelda «ansprechend, aber auch etwas erschreckend». Weiblicher Überscharfblick, der ihre Attraktivität – für Männer – übersieht? Eine Intelligenz, die für eine phantasievolle Denkweise nichts übrig hat?

Die Fotografien dieses Jahrzehnts verzeichnen eine unübersehbare Veränderung. Zu den gelöstesten Bildern gehört ein Amateurfoto, das die Neunzehnjährige mit Scott im elterlichen Garten zeigt: ein ungezwungenes, «glückliches» junges Paar. Die späteren Aufnahmen sind meist für die Gesellschaftsseiten in Zeitungen oder Magazinen «gestellt», und Zelda macht darauf ihr «Arden Face», ein kosmetisch auf «Dame» hergerichtetes Gesicht, das sie als «Flapper» eigentlich ablehnt. In der Folge werden die Bilder zunehmend unpersönlicher, bis ihr Gesicht nach dem ersten Zusammenbruch im Jahr 1930 allmählich zur Maske erstarrt, unter der sich ihre psychischen und physischen Leiden – unter anderem ein quälendes und entstellendes Ekzem, das ihre gepriesene «Pfirsichhaut» zerstörte – nur mit Mühe verbergen lassen. Am meisten Aufschluß gibt vielleicht trotz konventioneller Aufmachung eine Atelieraufnahme der Achtzehnjährigen: ein ernstes Gesicht, in der nicht der «immer kußbereite Mund», sondern die Augen das Entscheidende mitteilen. Beider Ausdruck ist ganz verschieden und läßt so zwei einander widersprechende Gesichtshälften entstehen. Das eine scheint alle Schrecken ihres eigenen Lebens vorwegzunehmen, das andere blickt gelassen-aufmerksam. Der von Leben überschäumende Flapper ist auf den Bildern nirgends zu entdecken.

Auch die gleichzeitigen Aufnahmen von Scott zeigen ein sich wandelndes Gesicht: von der operettenhaften Hübschheit des jungen Freiwilligen in der schicken Uniform, dem Zelda 1918 auf einem Sommerball in Montgomery begegnet, über die zahlreichen Aufnahmen des erfolgreichen und selbstbewußten jungen Autors, die glatten Vorzeigebilder an

Zeldas Seite oder en famille bis zu dem vom Alkohol gezeichneten Gesicht des noch nicht Dreißigjährigen. Immer scheint er, der doch so leicht ausflippt, sich ganz in der Hand zu haben, deutlich auf sein Image bedacht zu sein. Aber kein Bild gibt so wie seine Briefe wieder, was an ihm zerrt und zehrt.

Der zweite Aufbruch nach Europa ins ungeliebte Frankreich ist wie so oft bei den Fitzgeralds eine Flucht. Eine mit guten Vorsätzen befrachtete Flucht vor den Ablenkungen und Störungen New Yorks und ihrer eigenen Verführbarkeit. Scott Fitzgeralds dritter Roman (der noch nicht endgültig so benannte «The Great Gatsby») existiert im Ansatz seit dem Sommer 1923, ist aber, wie er Perkins kurz vor ihrem Aufbruch in einem Brief vom April 1924 bekennt, nicht vorangekommen. Er soll jetzt abgeschlossen werden. Schon die Überfahrt mit dreißig Gepäckstücken, der Encyclopædia Britannica und 7000 Dollar aus Story-Honoraren, auf einem «trockenen» Schiff mit strengem Alkoholverbot, deutet an, daß es ihm Ernst ist.

Die Riviera, im Sommer preiswerter, hat Ring Lardner empfohlen, der sich in Hyères aufhält. Eine Nanny für Scottie wird während eines mehrtägigen Aufenthalts in Paris gefunden, wo sie auch den alten Freund John Peale Bishop treffen. Eine recht elegante, wie immer viel zu geräumige Behausung, die «Villa Marie», ist in Valescure, oberhalb von St. Raphael, für 79 Dollar zu haben. Die Nanny bekommt 26 Dollar im Monat, die Köchin und das Stubenmädchen verdienen je 16 und 13 Dollar. So scheint alles geregelt. Markt- und haushaltsunkundig, wie sie beide sind, werden sie allerdings von Hausangestellten und Ladenbesitzern ziemlich übers Ohr gehauen: die «reichen Amerikaner». Außerdem geben sie unkontrolliert viel Geld in Restaurants, Cafés und Bars aus. Dennoch: Die Voraussetzungen scheinen günstig, die anfängliche Stimmung ist heiter. Scott arbeitet an seinem Roman. Zelda ist wie immer viel sich selbst

Schutzumschlag für die erste Ausgabe des dritten Romans von Scott Fitzgerald, «The Great Gatsby» (1925), wieder bei Charles Scribner's Sons. Für den Autor der literarische Durchbruch.

überlassen. Einen späten Widerschein ihrer mediterranen Erfahrungen gibt es in ihrem Roman von 1932, «Save me the Waltz», in dem sie mehr als nur Sonne, Meer und Strand wahrnimmt: «Die Riviera ist ein verführerischer Ort. Grelles Blau und in der Hitze flimmernde weiße Paläste beherrschen die Szenerie. Sie stammen noch aus der Zeit, bevor die hohen Herrschaften vom ‹Train Bleu›, die Bosse der Biarritzer Nachhut und amtierenden Diktatoren bis hin zu Innendekorateuren, den blauen Horizont und die weißen Fassaden zum Abschluß ihrer künstlerischen Unternehmungen nutzten. Eine kleine Schar Menschen vertat ihre Zeit mit Glücklichsein und vertat ihr Glück mit In-der-Zeit-Sein, und das alles vor dürren Palmen und spröden Reben, die sich an Lehmbanketten festkrallten.»

In einem Brief an den Freund Thomas Boyd in Amerika zeigt sich der einstige Frankophobe Fitzgerald begeistert vom mediterranen Dasein, will nur noch in der griechischen Antike bis zurück zu Homers Zeiten leben, selbstgenügsam, einsamkeitsversessen. Und der Brief endet selbstironisch: «Ich werde einen Roman schreiben, der besser ist als alle je in Amerika geschriebenen Romane, und somit der Zweitbeste par excellence in der ganzen Welt werden.»

Zwischen seine Arbeit am «Gatsby» schiebt er einen munteren Bericht für die *Saturday Evening Post* über das Rivieraleben der Amerikaner («How to Live on Practically Nothing»), eine witzig-ironische Fortsetzung seines erfolgreichen Essays über das tolle Leben in Grand Neck («How to Live on 36000 a Year»).

Bei aller Munterkeit finden sich da nachdenkliche bis melancholische Töne, die neu sind. «Für zwei frisch reformierte Verschwender schien die Riviera im Sommer genau das richtige zu sein. Wir hatten das Gefühl, der Extravaganz und dem Lärm und allen Exzessen entkommen zu sein, mit denen wir die letzten hektischen fünf Jahre zugebracht hatten ... wir fuhren in die Alte Welt, um einen neuen Lebensrhythmus zu finden, mit der aufrichtigen Überzeugung, daß wir unser altes Selbst für immer zurückgelassen hätten.»

Es scheint zu gelingen. Bis zu dem fatalen 13. Juli 1924, an dem die vermutlich kleine Affäre Zeldas mit dem französischen Fliegeroffizier Edouard Jozan für Scott zur «big crisis» wird. Das Erstaunliche aber ist: Sie wird – wie so vieles – von beiden komplizenhaft bewältigt und der Freundeswelt in immer neuen, immer dramatischeren Versionen mitgeteilt. Eine Variante Zeldas endet mit dem angeblichen Suizid des Fliegers.

Hadley, Hemingways erste Frau, die zu der Zeit auch an der Riviera ist, bestätigt: «Ich sehe noch, wie Zeldas schönes Gesicht sehr, sehr ernst wird, als sie sagt, wie sehr er sie geliebt habe und wie hoffnungslos es war und wie er sich dann das Leben genommen habe. Scott stand neben ihr, sehr blaß und niedergeschlagen und in jedem Augenblick voller Teilnahme.»

Dieser Drang, das Private zu veröffentlichen, das prekäre Ereignis zur erzählbaren Anekdote zu stilisieren: ist es vielleicht auch der Versuch, das wirkliche Betroffensein unkenntlich zu machen? Das Verschwörerhafte der beiden – bei allen betrunkenen Streitereien – fällt den Freunden auf. Es ist eine Verschwörung, die vieles Brüchige und Zerbrochene überdeckt und sich zu ihrem Zusammenhalt bedenklicher Mittel bedient. Aber sie ist in ihrem Wesen für alle Beteiligten undurchdringlich. Da ist ein offenbar unzerstörter fester Kern an Zuneigung, zumindest an Verbundenheit.

Was war diese sommerliche Affäre in Wahrheit? Für Scott: eine Verletzung seiner männlichen Eitelkeit und Einzigartigkeit? Das Ende der Illusion von der unverbrüchlichen Liebe und Treue Zeldas?

Für Zelda: eine leichtherzige Unterbrechung ihres vielen Alleinseins während Scotts Arbeit oder vielleicht ein Appell an seine tiefere Aufmerksamkeit, ein Hilferuf aus dem Gefühl des eigenen Scheiterns, der wachsenden Unwirklichkeit ihrer Existenz? Auch ein Selbstmordversuch Zeldas, nicht lange nach der Affäre, kann als Appell an ihre Umwelt gelten.

Sara Mayfield, die mit der sie umgebenden Szene auch an der Riviera vertraut war, schildert Jozan als wohlerzogenen französischen Offizier, nicht als wüsten Draufgänger, der übrigens keineswegs Selbstmord beging, sondern eine ansehnliche Karriere in der französischen Marine machte. Als sie ihn fünfzig Jahre nach diesem Rivierasommer wiedersieht, bekennt er, daß er, aus der Provinz kommend, von Scotts Weltläufigkeit und Intelligenz ganz geblendet und hingerissen von Zelda gewesen sei, und ist entsetzt über die Geschichten von ihr, die ihn inzwischen erreicht haben.

Zelda schilderte ihre Beziehung in «Save me the Waltz» so, wie sie war. Die Passage über ihren Liebhaber im Roman ist eine Talentprobe. Zelda/Alabama sieht ihn aus einer nicht nur retrospektiven Distanz und zugleich ganz unmittelbar: den Reiz seiner Körperlichkeit, sein Wesen, seine Beschränktheit. Und eine Beschreibung wie die folgende ist von ominöser Dichte: «Sie saßen in der Abendbrise auf der Terrasse und sprachen über Amerika, Indochina und Frankreich und lauschten dem Klagen und Kreischen der Nachtvögel in der Dunkelheit. Der unfrohe Mond war vom langen Sommer in der Salzluft fleckig geworden und seine Schatten schwarz und beredt. Eine Katze kletterte auf die Terrasse. Es war sehr heiß.» (Heute würde sich bei einer Leseprobe im Ingeborg-Bachmann-Wettbewerb sofort ein Verleger für sie finden. Ihr Weg zur Veröffentlichung des Romans war hürdenreich und kaum ermutigend.)

Noch aber schreibt sie keinen Roman, sondern fragt sich, wie ihre spätere Heldin Alabama, im Entgleiten der Zeit ruhelos: «Was fange ich nur mit mir an?»

Der Mittelpunkt des Freundeskreises an der Riviera, der wächst und schrumpft, sich immer wieder öffnet und schließt, sind Gerald und Sara Murphy, vermögende Amerikaner, die mit diesem Privileg sinnvoll umgehen. Gerald Murphy malt, ernsthaft, nicht als müßiggehender Amateur, und wird in der Pariser Avantgarde geschätzt. Auch Sara hat Malerei studiert. Beide sind Kunst- und Literaturkenner, nicht nur «Interessierte». Zu den engen Freunden, die sich bei ihnen treffen, zählen Pablo Picasso und Fernand Léger, Cole Porter, der amerikanische Komponist, und Dos Passos mit seiner witzigen Frau Katy, dann die McLeishes, die Fitzgeralds, die Hemingways – lauter vielversprechende junge Paare.

Sorglos ist das Leben der Murphys trotz aller finanziellen Sicherheit nicht. Sie haben drei Kinder, denen sie sehr zugewandt sind, eine Tochter, Honoria, und die Söhne Boath und Patrick. Patrick steckt sich an der damals noch kaum heilbaren Tuberkulose an, die nach dem Krieg grassiert, Boath im deutschen Internat an einer Meningitis. Beide sterben noch im Knabenalter, trotz aller erdenklichen ärztlichen Mühen und einer vollkommenen Änderung des Familienlebens. Die Anteilnahme des Paares an den Freunden hat diese qualvolle Erfahrung nicht gemindert.

Sara, eine einfallsreiche und großzügige Gastgeberin, wird von den Freunden vor allem wegen ihrer Menschenkenntnis und der Direktheit ihres Urteils geschätzt, geliebt und bis zur Erschöpfung in Anspruch genommen. Entsprechend vielfältig ist ihre Korrespondenz.

Sie nehmen beide Fitzgeralds bei ihrer Ankunft freundschaftlich in ihren Kreis auf. Zunächst ist die Zuneigung zu Zelda stärker. Scotts bald wieder exzessive Trinkerei mit allen lästigen Folgen wird, bei aller Sympathie, als störend empfunden, aber das Interesse an ihm als Person und Autor entwickelt sich beständig und dauerhaft – trotz gelegentlicher Einbrüche und mehrwöchiger Hausverbote für die «Villa Americana», das Domizil der Murphys, nach besonders argen Exzessen. Immer wieder fragen die Freunde: Warum könnt ihr es nicht lassen, es macht euch doch kaputt? Immer wieder versprechen die Fitzgeralds Besserung und werden rückfällig.

Aber auch wenn seine «trockene» Zeit mit den großen Versprechungen längst wieder hinter ihm liegt und trotz des geselligen Lebens in Antibes, arbeitet er intensiv am «Gatsby». Im August 1924 teilt er «Dear Max» mit:

«1. Der Roman wird nächste Woche fertig. Was allerdings nicht heißt, daß er vor dem 1. Oktober in Amerika ankommt. Zelda und ich wollen – nach einer einwöchigen Pause – das Ganze sorgfältig durchsehen.»

(Zelda ist also – zumindest als kritische Gegenleserin – wieder in seine Arbeit einbezogen.) Unter Punkt 8 heißt es: «Es war ein schöner Sommer. Ich war unglücklich, aber meine Arbeit hat nicht darunter gelitten. Endlich bin ich erwachsen.»

«The Great Gatsby» ist der Roman einer obsessiven Liebe eines durch illegale Machenschaften reich gewordenen Mannes zu einer Frau, Daisy, die ihn in seiner Jugend abgelehnt hat, angeblich weil er zu arm war, und die einen erfolgreichen Geschäftsmann von der rücksichtslosen Sorte geheiratet hat. Jay Gatsby, der eigentlich Jim Gatz heißt, erfindet sich eine andere Vergangenheit mit besserer Herkunft und Hochschulstudium in Oxford – unerfüllte Träume wie Daisys Liebe. Obwohl der Autor auch hier seine frühen Erfahrungen mit Zelda einbringen kann und das Thema des «armen Jungen» unter Reichen noch einmal anklingt, löst er sich stärker von seinen bisherigen Modellen. Daisy, die sich gerührt von so viel Treue Jay Gatsby zuwenden will und sich von ihrem treulosen Mann den Schneid abkaufen läßt, ist nicht Zelda, die Mutige und Eigenwillige. Und Fitzgerald wiederum ist kein Aufsteiger aus dunklem Herkommen wie Gatsby. In ihm bekommt sein Hang, seine soziale Situation umzumodeln, eine neue Dimension, die des Abenteuers am Rande oder schon jenseits der Kriminalität. Bleibt als Gemeinsames vielleicht die hartnäckige Anhänglichkeit an das imaginierte Urbild einer Frau, die Gatsby und letztlich auch Fitzgerald zu einer tragischen Figur macht. Auf einer fluchtartigen Rückfahrt nach Long Island in Gatsbys Auto überfährt Daisy die Geliebte ihres Mannes – ein leichtfertiger Unfall, kein Mord. Gatsby nimmt die Schuld auf sich, Daisys seit langem untreuer Mann stiftet den hochneurotischen und fassungslosen Ehemann der Geliebten an, Gatsby zu erschießen. «Er stirbt nicht für die Sünden seiner Vergangenheit», meint Scott Fitzgeralds Biograph und Herausgeber Matthew J. Bruccoli, «er stirbt am Verlust seiner Illusionen.»

Am 27. Oktober 1924 schließlich schreibt Scott Fitzgerald an den begierig wartenden Maxwell Perkins: «Mit getrennter Post schicke ich Dir meinen dritten Roman ‹The Great Gatsby›. Ich denke, ich habe etwas gemacht, das wirklich ‹mein Eigenes› ist, aber wie gut dieses ‹Eigene› ist, wird sich zeigen.» Und dann folgen präzise Wünsche zum Vertrag. Einen Teil des Verlagsgeschäfts beherrscht er inzwischen perfekt; nur mit seinen Ergebnissen kann er noch immer nicht umgehen.

Am 7. November folgt ein Brief mit Bedenken und Einwänden zum Manuskript. Am 14. November schreibt Perkins zurück: «Das Buch ist ein Wunder … es ist von hintergründiger Lebendigkeit … es verschmilzt die außerordentlichen Widersprüche heutiger Existenz in einer zusammenhängenden Darstellung. Und – was das eigentliche Schreiben angeht – es ist erstaunlich.» Dies ist sein erster Eindruck. Nach gründlicherer Lektüre kommt nur wenige Tage später ein ausführlicher Brief des Lektors vom 20. November. Und nach einigen präzisen kritischen Einwänden und Änderungsvorschlägen betont Perkins noch einmal: «Was Du in einem einzigen Satz an Bedeutung unterbringst, die Dimension und Intensität des Eindrucks in einem einzigen Absatz, ist ganz außerordentlich.» Dieser Brief ist das Exempel einer nahezu vollkommenen Beziehung zwischen Lektor und Autor.

Bis zur Durchsicht der letzten Korrekturfahnen arbeitet Fitzgerald an der endgültigen Fassung des Romans. Besessen und relativ glücklich.

Er hat, wie er selbst spürt und wie einige seiner Kritiker erkennen, «einen großen Schritt» getan. Der Roman ist nicht mehr der Spiegel des «romantic egotist» und seiner jugendlichen Equipe, er reflektiert die Epoche in ihren überpersönlichen Zusammenhängen.

Am 10. April 1925 ist es soweit: «The Great Gatsby» erscheint, und Fitzgerald ist, wie er an Perkins schreibt, «überwältigt von Ängsten, Befürchtungen, schlechten Vorgefühlen». Neben anderen Aspekten bedrängt ihn die Sorge, der Roman könnte nicht ausreichen, seine Schulden bei Scribner's zu tilgen, denn längst sind die stattlichen 7000 Dollar, mit denen die Fitzgeralds nach Europa starteten, verbraucht, längst ist er wieder der ständige Bittsteller beim Verlag oder unter dem Druck, mit Stories Geld zu machen. (Nicht immer ist dies nur eine die ernsthafte Arbeit störende Fron. Wir verdanken auch den weniger bedeutenden Geschichten besondere Facetten der Zeit, die nicht in einem Roman unterzubringen wären.) In dieser Hinsicht hat sich nichts geändert. Scott fordert Vorschuß, und der geborene Puritaner in ihm fühlt sich bedrückt. Perkins überweist, ermutigt ihn und versichert ihm Scribner's Interesse an seiner weiteren Produktion.

Die Kritiken kommen rasch. Die *New York World* begnügt sich mit wenigen ungezeichneten Zeilen: Tatsächlich sei, um es journalistisch auszudrücken, mit der Erzählung des Inhalts das Thema «The Great Gatsby» bereits erschöpft. Es gibt sorgfältig abwägende Berichte, wie den umfänglichen von Isabel Paterson in der *Herald Tribune Book Review*. Ihr Fazit: Der Roman sei vielleicht nur ein aktueller Bucherfolg der Saison, aber dies auf so eigentümliche Weise, daß es schon wieder einzigartig wirke. Die Kritik des großen Mencken in der *Baltimore Evening Sun* scheint zunächst fast vernichtend: «Was ihn (den Roman) von Grund auf verdirbt, ist die schlichte Tatsache, daß er einfach eine Geschichte erzählt, daß Fitzgerald weitaus mehr daran liegt, die Spannung aufrechtzuerhalten, als seinen Figuren unter die Haut zu gehen. Nicht daß sie falsch dargestellt wären – sie werden nur zu selbstverständlich genommen. Einzig Gatsby sieht, lebt und atmet wirklich ... Was dieser Geschichte ihre Bedeutung gibt, ist etwas ganz anderes als die Handlung oder die sichere Handhabung der Figuren: Es ist der Zauber und die Schönheit der Sprache ...» Vor allem beschäftige den Autor der falsche Glanz des amerikanischen Lebens. Nicht nur Mencken billigt Fitzgerald hier einen tieferen sozialhistorischen Einblick zu. W. R. Benét – auch zum weiteren Freundeskreis gehörig – spricht von einem «bewundernswerten Roman», er «enthülle gereifte Könnerschaft». «Zum ersten Mal entdeckt Fitzgerald die Babylonische Gefangenschaft dieser Epoche, ohne von ihrem Glanz geblendet zu sein.» Gilbert Seldes meint in *The Dial* vom August 1925: «Nie ist bislang die Begabung F. Scott Fitzgeralds in Frage gestellt worden, aber bis zu ‹The Great Gatsby› mußte man sich zu Recht fragen, was er mit dieser Begabung anstellen würde.» Fast übereinstimmend in den wichtigeren Kritiken die Bestätigung der größeren Entschiedenheit, der Reife.

«Hervorragende Rezensionen», kabelt Perkins, «Verkaufssituation zweifelhaft.» Fitzgerald reagiert tief deprimiert. Er ist immer noch mit 6000 Dollar bei Scribner's in der Kreide. Zwar hat er schon einmal seine Schulden bei Harold Ober, seinem Agenten (der anderen großen Vertrauensfigur in seinem Schriftstellerleben und darüber hinaus ein unermüdlich hilfreicher Familienfreund), in einem Schreibegewaltakt von wenigen Wochen ausgeglichen, aber die Fehlbeträge wachsen weiter und die Zweifel, ob sie je zu tilgen sind, auch.

Die im Brief an Perkins angedeutete neue Sammlung von Erzählungen soll sich die Aufmerksamkeit für den Roman zunutze machen. (Übrigens unterstützt die bald folgende und erfolgreich gespielte Dramatisierung des «Gatsby» wiederum den Roman.) Unter den Erzählungen sind so wichtige wie «The Rich Boy», «Winter Dreams» und «The Sensible Thing». Unter der Überschrift «The Boy Grows Older» bestätigt dann der Kritiker der Chicagoer *Daily News* vom März 1925 das generelle Urteil über den «Gatsby»: «Jahrelang schwankte F. Scott Fitzgerald zwischen flottem Witz, Ironie und Tragödie, und dann kam der ‹Gatsby›, der ihn als kompetenten Darsteller der amerikanischen Lebensszene auswies. Nun präsentiert er eine Sammlung von Short Stories, mit denen er beweist, daß er auf höchst variable Weise schreiben kann. Es ist ein Vergnügen, diese Stories zu lesen ... sie sind mal ironisch, mal traurig, mal voller Witz; sie schillern ... Fitzgerald – das ist unsere eigene Zeit, und wir sind froh darüber.» Nach wie vor gilt er als der Autor, der seine Generation am vielfältigsten und zutreffendsten charakterisiert.

Eigentlich könnte Scott zufrieden sein mit der Resonanz, aber er ist, wie gesagt, eher verstimmt. Die «vertane Chance», von der im Brief an Perkins die Rede ist, gilt auch, wenn man genau liest, für seine Entscheidung, sich an Zelda (oder sie an sich) zu binden. In einer Story, «The Sensible Thing», die er 1924 in der Zeitschrift *Liberty* veröffentlicht und dann in die neue Sammlung aufnimmt, rekapituliert er noch einmal die Anfänge seiner Beziehung zu Zelda, seinen dringenden Wunsch, sie zu heiraten, ihr Zögern, ihre Absage, das Wiederfinden. Das Fazit: Es war «vernünftig» von ihr, so zu handeln, aber der Zauber war dahin.

Was aber ist mit Zelda während dieses relativ geglückten Sommers an der Riviera, während des ganzen über zweijährigen Aufenthalts in Europa? In Scotts Korrespondenz mit gemeinsamen Freunden finden sich Grüße an sie, auch Fragen nach ihrem Befinden. «Ich hoffe, es geht Zelda gut», schreibt Perkins. Aber es geht ihr nicht gut. Von ihrer nervösen Ruhelosigkeit abgesehen, die zunimmt und einmal so schlimm wird, daß der Arzt ihr Morphium verabreicht, hat sie auch physische Beschwerden. Daß sie sich den Blinddarm herausnehmen lassen muß, ist vielleicht auch zu der Zeit keine große Sache. Aber nach einigen Aborten, vielleicht auch Fehlgeburten, scheint es so, als könne sie kein Kind mehr haben. Offenbar aber wünscht zumindest sie es sich. Die Operation scheint zunächst auch ihre gynäkologischen Beschwerden zu bessern, sie entwickeln sich dann aber zu einem Dauerinfekt und führen schließlich zu endgültiger Unfruchtbarkeit. Eine Erfahrung, die ihr weibliches Selbstbewußtsein kaum stärken kann. In knapp sechs Jahren ist aus der vitalen, sportlich tollkühnen jungen Person eine «leidende Frau» geworden, ein Zustand, der Scott – trotz bemühter Geduld – irritiert.

Im Laufe der letzten Zeit an der Riviera, nach einem Winter in Paris und einem ziemlich verfehlten Zwischenspiel in Rom und Capri, jetzt in Juan-les-Pins, verändert sich Zeldas Verhalten, wie die nächsten Freunde beobachten: Sie nimmt weniger an anderen teil, zieht sich mehr und mehr in sich selbst zurück. Übereinstimmend schildern Sara Mayfield, die auch zu Gast an der Riviera ist, und Gerald Murphy eine beklemmende und zugleich bewegende Begebenheit: Man trifft sich im Freundeskreis zu später Stunde im Kasino in Juan-les-Pins. Es ist schon fast leer, nur wenige Franzosen harren noch aus. Da steht Zelda auf, hebt ihren weiten Rock so hoch, daß man ihr nacktes Zwerchfell sieht, und beginnt zu tanzen. Die Musik folgt ihren Bewegungen. Scott beobachtet sie, ohne sich zu rühren. Die Franzosen sitzen wie erstarrt, auch die Murphys sind erschrocken. «Ich erinnere mich, daß die Musik vollkommen ihrem Tanz entsprach», notiert Gerald. «Sie tanzte ganz für sich allein, sie sah weder rechts noch links und nahm keinen der Blicke wahr. Sie sah niemanden an, nicht einmal Scott. Sie wirbelte in einer

... zu Schiff nach Frankreich: Scott und Zelda waren wie viele junge Amerikaner ihrer Generation öfter in Frankreich, an der Riviera in der Nähe ihrer Freunde Gerald und Sara Murphy sowie in Paris.

Masse von Spitzenrüschen umher – ich werde es nie vergessen. Wir waren wie gebannt. Sie hatte eine überwältigende natürliche Würde. Sie war so ganz mit sich beschäftigt, so versunken in ihren Tanz ...»

Scott habe es gern gehabt, wenn die Menschen zugänglich und leicht zu haben waren, meint Murphy, «er machte es sich zum Beispiel gelegentlich zu einfach mit Zelda. Auch wenn er sie als Modell für seine Erzählungen und Romane verwendet, ist sie zu einseitig geschildert. Sie war viel komplexer; er hat das nie ganz begriffen. Irgendwie hatten wir immer den Eindruck, daß ihr Bewußtsein andere Verbindungen herstellte als das der meisten Leute – und ebendiese außerordentliche, intuitive Klarsicht hob sie heraus. Sie sagte nur sehr selten etwas leichthin oder um der Wirkung willen. Sie sagte, was ihr in den Sinn kam.»

«Sie sprach nie, nie von ganz Persönlichem, das heißt über sich selbst», meint Sara, «und sie sagte nie ein Wort über Scott. Wir wußten, daß sie sich zankten. Alle Ehepaare zanken sich doch. Oh, sie hatten fürchterliche Streitereien, aber niemals in der Öffentlichkeit und niemals in Gegenwart ihrer Freunde.» Wenn es besonders schlimm war, packte Zelda alle Sachen in den Koffer und zog ihn auf die Straße. Wenn sie schläfrig wurde, ging sie zu Bett, aber der Koffer blieb draußen. Man wußte immer, wenn sich die Fitzgeralds gezankt hatten – der Koffer verriet, was in der Nacht vorgegangen war.

Die Schilderung weicht von denen aus früheren Tagen ab, wo ihre wilden Streitereien durchaus in der Öffentlichkeit und vor Freunden stattfanden. Vielleicht ist es die entschiedene Menschlichkeit der Murphys, die besänftigend auf sie wirkte. Deren Sympathie erschöpft sich nicht. Als die Fitzgeralds die Riviera zum ersten Mal verlassen, um für den Winter nach Paris zu gehen, folgt ihnen ein Brief von betrübter Herzlichkeit:

«Lieber Scott, liebe Zelda: –

Da ging wahr und wahrhaftig ein heftiger Riß durchs Land, als Euer Zug sich in Bewegung setzte. Sara und ich fuhren zusammen nach Hause und redeten über Euch, aber das konnte nur zum Teil ausdrücken, was wir – jeder für sich – fühlten. Letztlich muß man den Grad seiner eigenen Liebe zu einem Menschen an der Stille und Leere bemessen, die sich nach dessen Abreise auf alles herabsenkt. Wir spürten den Riß, weil er wirklich da war, und auch weil wir nicht imstande waren auszudrücken, wie sehr wir Euch beide lieben … Wir vier kommunizieren miteinander durch unser Dasein, mehr als durch irgendwelche anderen Mittel. So daß es nicht darauf ankommt, wann und wo wir uns treffen … Scott wird für mich neue Werte in Sara entdecken, so wie Sara sie durch ihre Zuneigung zu Scott in Zelda entdeckt hat. Laß mich nur soviel sagen: Wenn wir wußten, daß wir Euch am Abend sehen würden oder Ihr zum Dinner im Garten kamt, waren wir glücklich und teilten es uns gegenseitig mit. Wir waren glücklich, wann immer wir mit Euch zusammen waren …»

Diese Hochstimmung hielt sich nicht immer. Es gab Verstimmungen, es kamen die falschen Rivieratouristen, und der engste Kreis nahm den Mißton, den sie hineintrugen, übel. In einem Brief an einen Freund beschwerte sich Dorothy Parker, daß «diese reichen Leute» ihr auf die Nerven gingen. Es kam die Sorge um Patrick, der Umzug seinetwegen in die Schweiz nach Montana, es kam schließlich zum Verkauf der «Villa America».

Die unerträgliche Leichtigkeit dieses Lebens in einem bei allen Widersprüchen verständnisvollen Kreis von Menschen, in einer Landschaft von noch unerschöpftem natürlichem Zauber beschwört Dos Passos einmal in «Best Times»: «Es war wunderbar still unter einem Himmel von brennendem Blau. Die Luft duftete nach Eukalyptus und Tomaten und

Heliotrop aus dem Garten. Ich ging gewöhnlich früh an die Arbeit und um die Mittagszeit hinaus zu einer Bucht mit Sandstrand namens Garoupe. Da traf ich dann den gesamten Hausstand beim Sonnenbaden. Gerald kehrte den Seetang unter seinen Sonnenschirmen weg. Wir schwammen hinaus in das ruhige, kristallblaue Wasser, das salziger war als Salz, bis zum Ende der Bucht und zurück. Danach bot Gerald uns gekühlten Sherry an, und Sara ließ geheimnisvolle Hors-d'œuvres – als Gegenmittel – aufmarschieren.»

Kein Paradies ist ohne Schlange, und die kluge Einflüsterin, die es zerstören will, haust, wie wir inzwischen wissen, in uns selbst. Die Ahnung, es eines Tages doch verlassen zu müssen, beflügelt unausweichlich den Drang, es in Frage zu stellen. Es gibt enge, spannungsvolle und explosive Beziehungen innerhalb der wechselnden Gruppierung.

Die spannendste und sehr bald die gespannteste in dieser Zeit ist die zwischen Scott Fitzgerald und Ernest Hemingway. Nach Hemingways nicht immer verläßlicher Aussage in seinem postum veröffentlichten Rückblick «A Movable Feast» traf er Fitzgerald in einer Pariser Bar, dem «Dingo» in der Rue Delambre, im Beisein eines Dritten, den Scott mitgebracht hätte, der jedoch entschieden leugnet, dabei, ja zu der Zeit überhaupt in Paris gewesen zu sein. Sicher ist, daß Fitzgerald schon einiges kennt, was der Jüngere geschrieben hat, und sehr begierig ist, ihn kennenzulernen.

Wie immer die erste Begegnung 1925 stattfindet, es entwickelt sich daraus eine so intensive wie gefährliche Freundschaft. Oft ist Hemingway die einzige Quelle für die weitverbreiteten Anekdoten, die Fitzgerald – und schließlich «poor Scott» – zum Gegenstand haben. Auch in Fitzgeralds Notizbüchern finden sich Bemerkungen zum bewunderten Freund, die zeigen, daß er ihn durchschaut. «Eines Tages, wenn die Psychoan(alytiker) vergessen sind, wird man E. H. wegen seiner großartigen Erkenntnisse über die Angst lesen», notiert er und spielt damit auf dessen immer wagemutigen Helden an. Daß allerdings Hemingway ihn mit Namen und in sehr ungünstiger Weise in seiner Erzählung «The Snows on Kilimanjaro» auftreten läßt, ist unverzeihlich. Mit Mühe gelingt es Perkins, den Schaden einzugrenzen, indem er Hemingway dazu bringt, wenigstens Scotts Namen gegen «Julian» auszuwechseln.

Die beiden sind, wie sich sehr bald zeigt, Antipoden: der feingliedrige, wenig sportliche Scott Fitzgerald mit seiner geringen Trinkfestigkeit, seinem raschen Ausflippen, wobei alle Sensibilität und alle guten Manieren auf der Strecke bleiben, und der kriegserprobte, scheinbar robuste Ernest Hemingway, geübter Trinker und guter Boxer, der Stierkämpfe und riskante Unternehmungen liebt. Beide sehen gut aus und können Menschen rasch für sich einnehmen. Im Gegensatz zu Scott lebt Ernest mit seiner ersten Frau Hadley jahrelang in einer Pariser Bruchbude und schreibt täglich diszipliniert in einem kleinen Café, der Cloiserie des Lilas, seinem vor anderen gehüteten Arbeitsplatz. Er hält nichts von «den Reichen», die Scott so sehr beeindrucken. Sie seien anders als die übrigen Menschen, findet er. «Ja, sie haben mehr Geld», ist Hemingways witzige Replik, die Scott in seine Notizbücher aufnimmt. Hemingway weigert sich, die «richtigen Leute» zu kennen.

Zuerst will er auch von den «reichen Murphys» nichts wissen, aber Gerald überzeugt ihn zu einer dauerhaften Freundschaft. Dennoch bleibt er auf dem Quivive, mißtrauisch auf sein Image des begabten Außenseiters bedacht, und gibt sich auch im Äußeren, im Gegensatz zum immer eleganten Scott, als «Alternativer», wie man das heute nennen würde. Worin sie sich wirklich treffen und übereinstimmen, sind Fragen literarischer Qualität, wobei Hemingways Kritik an dem, was Fitzgerald schreibt, weitaus rücksichtsloser ist als umgekehrt, ja, gelegentlich ist sie schnöde. Scott bewundert und ermutigt Hemingways Arbeiten, er sieht in ihm nicht seinen gleichrangigen Gegensatz, sondern ähnlich wie in

Ernest Hemingway, 1931. Fitzgerald lernte ihn 1925 in Paris kennen und war fasziniert von Mann und Autor. Er empfahl ihn glühend dem Lektor Perkins. Hemingway wurde der erfolgreichste Autor bei Scribner's.

dem etwas jüngeren Michael Arlen vorzeitig resigniert seinen – besseren – «Nachfolger».

Der Zeitpunkt ihres Treffens konnte dramatischer kaum sein. Scotts «The Great Gatsby» ist gerade bei Scribner's erschienen, die Erzählungen sind in Vorbereitung, ein neuer Roman beschäftigt ihn bereits – alles nimmt sich aus wie der Höhepunkt seiner bisherigen Karriere. Hingegen wird Hemingways erster kleiner Band Kurzgeschichten «In Our Time» erst im Oktober bei dem New Yorker Verleger Liveright erscheinen. Das Verhältnis zwischen Scott und Zelda hält sich zu der Zeit in mühsamer Balance. Ernest Hemingway ist im Begriff, sich von Hadley, seiner ersten Frau, zu trennen, und hat bereits ein deutliches Interesse an der weltläufigeren Pauline Pfeiffer bekundet. Zwischen Zelda und Ernest ist es Antipathie auf den ersten Blick. Er hält sie für verrückt und für Scotts Verderben. Sie durchschaut den Macho in ihm; beide verkennen die Qualitäten des anderen hinter der jeweils behaupteten Fassade. Zweifellos ist sie «eifersüchtig» auf den Platz, den der neue Freund in Scotts Gedanken einnimmt, aus denen sie sich immer mehr verdrängt fühlt. Ihre später geäußerte Behauptung, die beiden hätten ein homosexuelles Verhältnis (was übrigens auch unabhängig von ihr der gerüchtefreudige Verleger und Autor Richard McAlmon in Paris verbreitete), ist in der Tat abwegig, aber sie trifft eine wunde Stelle bei beiden; Hemingway fürchtet nichts so sehr, wie für ein «pansy», einen «Homo» gehalten zu werden: Es täte seiner Männlichkeit Abbruch. Fitzgerald weist Zeldas Verdacht zwar wütend zurück, aber sein Verhältnis zu sich selbst als Mann ist anders als das Hemingways: Es gibt wiederholt – nachdenkliche – Äußerungen von ihm über seine eigene Femininität. (In der Princeton-Zeit tritt er glaubhaft und erfolgreich als weibliche Schönheit im College-Theater auf.) Auch Zelda wird sich später zumindest lesbischer Neigungen zu ihrer Ballettlehrerin Jegorowa «bezichtigen». Offenbar findet diese Generation, die sexuelle Freiheit auf allen Wegen und Umwegen sucht, sich nur schwer bereit, Charakteristika des anderen Geschlechts in sich selbst zu erkennen und selbstverständlich anzunehmen. Seit Beginn des Jahrhunderts ist ja nicht nur in der Psychologie und Psychoanalyse eine lebhafte Diskussion über die Frage des «Androgynen» im Gange.

Bereits im Oktober 1924 hatte Fitzgerald dem immer an seiner Talentsuche interessierten Perkins einen Hinweis gegeben: «Hiermit möchte ich Dich auf einen jungen Mann namens Hemingway hinweisen, einen Amerikaner, der in Paris lebt, für *Transatlantic Review* schreibt und eine glänzende Zukunft vor sich hat.» Nach der Begegnung in Paris wird Fitzgerald erst recht zu seinem Befürworter und setzt sich für eine Veröffentlichung von Hemingways nicht eben geschmackvoller Parodie («The Torrents of Spring») auf Sherwood Anderson bei Scribner's ein, um ihn für seinen entstehenden Roman an den Verlag zu binden. (Perkins sagt zu; das Buch erscheint im Mai 1926.) «Er und ich sind dicke Freunde», heißt es im gleichen Brief. Beide interpretieren diese Freundschaft je nach Temperament.

Fitzgeralds Sympathiebedürfnis, seine immer noch geringe Menschenkenntnis, seine gelegentliche Instinktlosigkeit liefern ihn leicht dem standfesteren Hemingway und seiner nicht unbeträchtlichen Neigung zur Häme aus, die auch anderen an ihrem Umgang auffällt. (Zum Beispiel Lillian Hellman, der Bühnenautorin und Gefährtin des Kriminalautors Dashiell Hammett.) Scott tauscht nicht nur hochdiskrete Literaturnachrichten mit ihm aus, sondern vertraut sich ihm auch in sexuellen Nöten an. Hemingway nimmt seine Bedrängnis mit Verachtung zur Kenntnis und gibt sie ungehemmt weiter. Mit Scotts sinkendem Ruhm erträgt Ernest auch seinen aufrichtigen Förderer und dessen unkontrolliertes Verhalten nicht mehr. Fitzgerald notiert: «Ernest würde einem Mann, der um eine Stufe über ihm ist, immer eine hilfreiche Hand reichen.»

Der Biograph Matthew J. Bruccoli hat sich in zwei Untersuchungen ganz besonders auf das Verhältnis der beiden großen amerikanischen Schriftsteller eingelassen. Den Untertitel für die erste Fassung von «Scott and Ernest» liefert ihm ein später Eintrag in Scotts Notizbüchern: «Ich spreche mit der Autorität des Scheiterns – Ernest mit der Autorität des Erfolgs. Wir könnten uns niemals mehr an einem Tisch gegenübersitzen.» Beide haben beides gekannt: Als sich Fitzgeralds Arbeit und Leben dem mühsamen Ende nähern, ist Hemingway auf dem Höhepunkt seiner Produktivität. Er scheitert nicht, wie er Scott nachsagt, am Mißbrauch seiner Person und seines Talents. Aber einundzwanzig Jahre nach Fitzgeralds Tod beendet er selbst sein Leben, nachdem sein Weltruhm mit dem Nobelpreis (1954) endgültig etabliert ist.

Ihr Talent haben sie gegenseitig nie verkannt. 1932 wird Hemingway von Fitzgerald sagen: «Er ist die große Tragödie einer Begabung in unserer verdammten Generation.» Und Fitzgerald ist, trotz aller Verletzungen durch ihn und bei all seiner Kritik an ihm, ein Bewunderer Hemingways geblieben. Seine Anteilnahme an ihm und seiner Arbeit hat Ernest nicht in gleicher Münze zurückgezahlt. Ein Eintrag Scotts heißt: «Ich habe ihn wirklich geliebt, aber natürlich ist es ausgegangen wie eben eine Liebesaffäre.» Und dann der Zusatz: «The fairies spoiled all that.» – «Die Schwulen haben alles verdorben.»

Ehe die Fitzgeralds im Dezember 1926 aus Juan-les-Pins abreisen, schreibt Scott noch einmal an Hemingway: «Lieber Ernest – wir verlassen dieses Haus am Dienstag und nehmen das Schiff von Genua nach New York. Ich hoffe, alles wird nun besser für Dich laufen. Wenn Du hier oder in Amerika irgend etwas erledigt haben möchtest, was Deine Arbeit betrifft, oder Geld oder menschlichen Beistand wofür auch immer brauchst, erinnere Dich, bitte, daß Du immer zählen kannst – auf Deinen Dir sehr zugetanen Freund Scott.» Und in einem Brief aus Washington heißt es: «Ich kann Dir nicht sagen, was Deine Freundschaft mir in diesen anderthalb Jahren bedeutet hat – für mich ist sie der Glanzpunkt unseres Trips nach Europa.»

Wie nahezu pubertär die beiden bedeutenden Autoren sich verhalten konnten, tritt 1929 bei einem privaten Boxkampf Ernest Hemingways gegen den jungen kanadischen Autor Morley Callaghan zutage (auch er ein Fitzgerald-Schützling, den Hemingway von früher kennt und mit dem er regelmäßig in Paris boxt). Scott fungiert bei einem der Treffen als Zeitnehmer und zählt eine Runde falsch aus. Hemingway geht zu Boden. Daß dies überhaupt geschehen konnte, daß es nicht nur ruchbar wird, sondern die *New York Herald Tribune* Monate später boshaft darüber berichtet, kann Ernest dem Freund nicht verzeihen. Lange hält er dessen Verhalten für böse Absicht. Dennoch gelingt es beiden, die freundschaftliche Beziehung noch einmal herzustellen.

Beim nächsten Frankreichaufenthalt der Fitzgeralds (1926 im Dezember) bittet Hemingway Perkins (zu dem sich ein gutes Verhältnis entwickelt hat) allerdings, den Fitzgeralds seine Privatadresse nicht mitzuteilen. Eine empfindliche Abfuhr, die Scott kränkt. Auch er geht auf Distanz.

Trotz vieler von vielen an ihnen geschätzten Eigenschaften gelingt es Scott und Zelda nicht, sich dem Freundeskreis einzufügen, ohne den einen oder anderen oder auch alle unisono gegen sich aufzubringen. Noch während des Aufenthalts an der Riviera beklagt Scott in einem Brief an Ernest, daß sie beide «hoffnungslos unbeliebt sind und nirgends eingeladen werden». Ein vielleicht zu negativer Schluß aus einer im ganzen ergiebigen Zeitspanne und jedenfalls ein Bekenntnis an die falsche Adresse.

Wahn und Wirklichkeit:
Die Konkurrenten

Sehr bald nach dem Erscheinen von «The Great Gatsby» (1925) und dem Erzählband «All the Sad Young Men» (1926) beginnt Fitzgerald an einem neuen Roman zu arbeiten, der nach über acht ungemein schwierigen Jahren und nach mehrfachem Themenwechsel schließlich «Tender is the Night» heißen wird. Bei weitem seine längste Arbeit an einem Buch.

Er kommt nicht voran mit dem Schreiben, auch in Frankreich nicht, von dem er sich inzwischen immer eine Linderung seiner Lebensprobleme und ein kreatives Stimulans erhofft. Statt zu schreiben beobachtet er angestrengt seine nächste Umgebung und macht laufend Notizen. Als Protagonisten für diesen vierten «psychiatrischen» Roman, wie er genannt worden ist, hat er diesmal die Murphys auserkoren, aber sie werden sich auf noch schwer vorhersehbare Weise mit dem bewährten, so ganz anderen Modellpaar Scott und Zelda durchdringen.

Die Freunde fühlen sich beobachtet und unbehaglich, vor allem Sara. In einem Brief an Scott im Sommer 1926 äußert sie sich darüber so geradezu, wie es ihre Art ist: «Lieber Scott – ich habe Dir im allgemeinen immer gesagt, was ich dachte. Jetzt scheint wieder ein solcher Moment zu sein ... Du kannst nicht erwarten, daß irgend jemand es erträgt oder es sogar schön findet, fortgesetzt das Gefühl zu haben, analysiert und – im großen ganzen unfreundlich – kritisiert zu werden. Dieses Gefühl aber haben wir seit geraumer Zeit ... Wenn Du Freunde nicht ganz und gar und ohne irgendwelche ‹Verdächte› akzeptieren kannst – dann sind es eben keine

Freunde ... Wir sind ganz einfache Menschen ... und wir mögen Euch beide sehr – in der vollen Bedeutung des Worts und wirklich. (Ich denke, es gibt keinen Grund, dies zu sagen, wenn wir es nicht so meinten.)» Und sie unterschreibt: «Deine alte und sehr aufgebrachte Freundin Sara.»

Das Entstehen des Romans fällt in ein überaus bedrängtes Kapitel in der Paargeschichte von Scott und Zelda. Im Januar 1928 schreibt Scott an Perkins aus «Ellerslie», Delaware bei Wilmington, wo die Fitzgeralds sich nach ihrer Rückkehr aus Europa in einem wie immer viel zu großen Haus niedergelassen haben. Auf Scotts wiederholte Versicherung – «ich arbeite höllisch hart» – vermutet Perkins hoffnungsvoll, daß sie wohl bald mit dem Manuskript rechnen könnten. Es müßte jetzt fast fertig sein.

Doch die Bleibe in «Ellerslie» hilft nicht weiter. Ein erneuter Sommeraufenthalt in Frankreich soll die Arbeit fördern. In einem Brief aus Paris vom 21. Juli 1928 an den geduldigen Lektor notiert Fitzgerald unter Punkt 1: «Der Roman läuft gut. Ich glaube, er ist ganz wunderbar.»

Alle, denen er Stücke daraus vorgelesen habe, seien ganz «aufgeregt» gewesen. Er vergleicht und tröstet sich mit James Joyce, der bei einem Essen bei den Fitzgeralds beiläufig bemerkt, sein «Work in Progress» («Finnegan's Wake») brauche bestimmt noch drei bis vier Jahre, eher vier. (Es wird bis zur Publikation 1939 elf Jahre brauchen.) «Meiner», trumpft Fitzgerald auf, «wird *bestimmt* im September fertig sein.»

Glaubt er es wirklich, oder täuscht er sich selbst und seinen Lektor bewußt? Im November schickt er ihm die ersten beiden Kapitel, verspricht zwei weitere im Dezember und bittet ihn um eine rasche Kritik zu jedem Kapitel – ein bislang ungewohntes Verfahren, das für seine Unsicherheit spricht. Hemingway beschwört ihn: «Um Christi willen, mach weiter und schaff es jetzt, und bitte, schreib nichts anderes, bis er (der Roman) fertig ist. Er wird verdammt gut

	Record for 1927				
Stories	Jacob's Ladder	$3000.00	Com 10%	$2,700	00
	The Love Boat	3500.00	" "	3,150	00
	A Short Trip Home	3500.00	" "	3,150	00
	The Bowl	3500.00	" "	3,150	00
	Magnetism	3500.00	" "	3,150	00
	Total			15,300	
Movies	California work on "Lipstick"			3,500	00
	Additional Payment "Gatsby" $3333.00 (Cost of ½ Lawyer $100)			2,910	00
	Total			6,410	00
Other Writings and Rights	Princeton	$500.	Com 10%	450	00
	Editorial Photoplay (Zelda)		Com 10%	450	00
	Park Avenue "			300	00
	Looking Back 8 Years "			300	00
	"English Pronunciation"	£15·15 Com 10%		68	98
	German "Rags Martin Jones"			25	00
	Golden Bk "Flesher in Tales"	110.	Com 10%	99	00
	Anthology "Pusher in Face"	25.	Com 10%	22	50
	Anthology "Jellybean"			26	67
	Syndicate "Your Way + Mine" ad 153.82 Com 10%			137	44
	German Rights to Gatsby			141	00
	All English Book Royalties			95	32
	Total			2,096	11
Books	This Side of Paradise			13	03
	The Beautiful and Damned			14	80
	The Great Gatsby			55	65
	Flappers and Philosophers			26	70
	Tales of the Jazz Age			16	35
	All the Sad Young Men			43	05
	Advance on New Novel Serial			5,752	06
	Total			5,911	64
	Total			29,737	87

```
Tax unpaid 1926
Adolescent Marriage    $64.80
Gatsby Road             320.15
                        384.95
```

Das große Kontobuch. Unmittelbar nach seinem ersten Bucherfolg legte Fitzgerald eine Art Haushaltsbuch an, das er von da an neben seinen Notizbüchern führte. Peinlich genau trug er – unter seinem jeweiligen Lebensjahr – Einnahmen und Ausgaben darin ein und verzeichnete in einer Art «Lebensüberblick» knapp Vorkommnisse, Beobachtungen, Personen. Zum Schluß erhielt jedes Jahr eine summarische Kennzeichnung, wie zum Beispiel «Kein Boden unter unseren Füßen».

werden.» Hemingways zweiter Roman «A Farewell to Arms», den Fitzgerald im Manuskript mit kritischen Anmerkungen gelesen hat, ist 1929 mit großer Kritiker- und Publikumsresonanz in Amerika erschienen. Scott arbeitet im vierten Jahr an seinem vierten. Er kann mit der Ermutigung nichts anfangen. In einem Brief vom 29. September 1929 entwirft er in selbstzerstörerischem Sarkasmus ein negatives Bild von sich und seinem derzeitigen Zustand. Und er fügt hinzu: «Immerhin ist es durch Gottes Fügung möglich, daß die fünf Jahre vom Zeitpunkt meiner Entlassung aus der Army bis zur Fertigstellung des ‹Gatsby›, also von 1919–1924, in denen drei Romane, rund fünfzig gutgehende Stories + ein Theaterstück + zahlreiche Artikel + Filme entstanden sind, zu früh alles aus mir herausgeholt haben: wobei noch dazukommt, daß wir uns die ganze Zeit im Höchsttempo in der muntersten aller Welten, die sich finden ließ, bewegt haben … Das ist's *au fond*, was mich wirklich wurmt.»

Eine ziemlich genaue Zustandsbeschreibung und ein halb stolzer, halb resignierter Rückblick. Die Feststellung, daß er möglicherweise endgültig erschöpft ist, gehört zu seiner Depression. Und wieder richtet er dieses Eingeständnis seiner Schwäche an den Mann, in dem er den großen Vertrauten sehen will: Hemingway.

Mit immer neuen Unterbrechungen wird der Roman noch vier weitere Jahre brauchen. Die endgültige Fassung aber schreibt er dann in knapp einem Jahr. In der gesamten Zeitspanne verändert sich alles immer wieder: er, sein Stoff, die persönlichen Umstände, die «Zeitstimmung». Immer aufs neue gibt es Rückfälle in die alten mißlichen Gewohnheiten: Scott trinkt heftiger denn je, und Zelda hält mit und raucht zuviel. Ihre psychischen Ausfälle häufen sich und nehmen hysterische Züge an, und sie spürt Scotts Vorwurf, daß sie nicht auch etwas Ernsthaftes, «Professionelles» tut. Sie denkt ans Malen, sie hat ja unverkennbar Talent, wenn auch keine professionelle Ausbildung, und hat es nie ganz aufgegeben, entscheidet sich aber dann doch für den Tanz. Fast achtundzwanzigjährig nimmt sie die mit sechzehn abgebrochenen Ballettstunden wieder auf. Ihr Ehrgeiz ist exzessiv – so als wollte sie die Erwartung von damals jetzt erfüllen: «Eine Pawlowa – nichts sonst!»

Scott hält es für eine ihrer «Launen», aber sie übt mit eiserner Konsequenz, besessen und pausenlos – bis zur Erschöpfung ihrer Kräfte. In Paris lernt sie durch Gerald Murphy die Leiterin der Diaghilew-Ballettschule, Ljubow Jegorowa, kennen und wird als Schülerin angenommen. Gerald hat das bedrohliche Gefühl, daß nur so eine Katastrophe vermieden werden kann.

Es entsteht nun das von Scott so sehr gefürchtete Konkurrenzverhältnis, auch wenn Zelda zunächst nicht ans Schreiben denkt und auf ein ganz anderes Kunstgebiet ausweicht. Aber sie hat ihren eigenen Tagesplan, sie ist nach den Ballettstunden erschöpft und nicht immer, wenn er möchte, zur Verfügung. Sie wird ungesellig und vernachlässigt, wie er meint, ihn und Scottie. Wie mag Scott sich wohl eine ernsthafte, «professionelle» Tätigkeit – welcher Art auch immer – ohne radikale Veränderung ihrer beider Lebensweise vorgestellt haben? Er möchte freier sein von Zelda und den Störungen, die sie *auch* verursacht, er möchte eine sich selbständig betätigende Frau an seiner Seite, die er aber unter Kontrolle hält, und er möchte – alles Unwiederbringlich-Versäumte für Augenblicke vergessend – die anmutige Gefährtin und die anregende Partnerin nächtelanger Gespräche. Bis er sich klarmacht, daß dies alles verloren und vorbei ist.

Als Zelda nach einiger Zeit die Murphys zu einer Ballettprobe bei der Jegorowa einlädt, sind beide betroffen von der angestrengten, fast grotesken Intensität ihrer Bewegungen und mögen an Zeldas bezaubernden einsamen Tanz in Juanles-Pins gedacht haben.

Zelda, vermutlich 1929 – dreizehn Jahre nach dem Jugendbild als Balletteuse und kurz bevor die Fitzgeralds nach Paris gingen. Dort nahm Zelda
Tanzstunden bei der Ballettmeisterin das Diaghilew-Balletts, Ljubow Jegorowa.

In Zelda Fitzgeralds Roman «Save me the Waltz» zeichnet Alabama, ihr Roman-Ich, ein bemerkenswertes Porträt der Ballettmeisterin Jegorowa, halb vorgefundenes Abbild, halb erfahrene Wirklichkeit und Spiegelung ihres eigenen Zwiespalts: «Die Augen auf dem Foto waren rund und traurig und sehr russisch. Ein träumerisches Bewußtsein der eigenen dramatischen Schönheit verlieh dem Gesicht Kraft und Bedeutung. Man meinte, die Gesichtszüge würden durch einen inneren Willen zusammengehalten. (Um die Stirn war, wie bei einem römischen Wagenlenker, ein breites metallisches Band gebunden.) Die Hände posierten wie versuchsweise auf den Schultern.» Und dann: «Sie zog und zerrte die langen Beine, bis sie parallel zur Stange waren. Alabama war rot vor Anstrengung. (Diese Frau riß ihr buchstäblich die Muskeln von den Oberschenkeln. Sie hätte vor Schmerzen schreien können.) Alabama blickte auf Madames rauchige Augen und die rote klaffende Wunde ihres Mundes und meinte, in ihrem Gesicht Bosheit zu entdecken. Madame, so fand sie, war eine grausame Frau.» Sie habe als kleines Mädchen diese Übung jeden Abend vierhundertmal machen müssen, sagt die Ballettmeisterin noch. Zumindest im literarischen Rückblick erkennt die Autorin Zelda Fitzgerald die extreme Zumutung an sich selbst.

Es bleibt ihr bei der Lage der Dinge kaum etwas anderes übrig, als sich in das vollkommene Objekt ihrer Bewunderung zu verlieben. Jegorowa bleibt ihr zugetan, aber kühl, sie hält sie für gut begabt – aber für eine Primaballerina sei es zu spät, sie könne dennoch bei steter Arbeit Gutes leisten. Von einer Pawlowa ist in ihrem sachlichen Urteil, das sie später auch Scott gegenüber wiederholt, keine Rede.

Beide, Scott wie Zelda, stehen am Ausgang dieses so glänzend begonnenen Jahrzehnts unter dem äußeren Zwang zur Perfektion: sie, um in der Überanstrengung des Tanzens endlich ihre Identität zu finden, er, um seine bedrohte Identität als Schriftsteller mit großer Anstrengung zu retten. Je länger die öffentliche Wirkung seiner letzten Bücher zurückliegt, desto besser muß der künftige Roman gelingen. Das weiß er, und so schreibt er auch an seinen Agenten, Harold Ober, mit dem er in ständiger Korrespondenz steht. Ober, der seine gesamte literarische Produktion verwaltet, auch die einträglichen Vorabdrucke der Romane in Zeitungen, kümmert sich in dieser Zeit vor allem um die Stories, immer bemüht, Höchsthonorare von den Zeitschriften und Magazinen für seinen Starautor durchzusetzen. (Für eine Story «At Your Age» erzielt er bei der *Post* 4000 Dollar, und es schmeichelt Scott, obwohl er die *Post* als literarisches Forum verachtet.) Nach wie vor sind die Story-Erträge die finanzielle Basis für ihn. 1929 verdient er, wie sein «Kontobuch» ausweist, mit acht Stories insgesamt 27000 Dollar. Die Einnahmen aus seinen Büchern belaufen sich im gleichen Jahr auf 31,70 Dollar. An diesen Beträgen liest er das Mißverhältnis seiner ernsthaften literarischen Arbeit zu einer für ihn minderen Schreibgattung ab, und das deprimiert ihn. Das Erstaunliche ist, daß es Fitzgerald gelingt, seine Geschichten, die oft in Europa entstanden sind und eine europäische Atmosphäre einfangen, dem Leserkreis der *Post* eingängig zu machen, also amerikanischen Durchschnittsbürgern, die massive Einwände haben gegen das Treiben der «expatriates» und ihre «europäische Einfärbung». Gelegentlich verpaßt er den Stories einen Schuß Sentimentalität, die es einem Publikum erlaubt, sich tränenreich mit den Begebnissen zu identifizieren. Die erzählerische Qualität ist damit nicht aufgehoben. Ganz gleich, wie er selbst und seine Kritiker seine Magazin-Geschichten beurteilen, er benutzt sie jedenfalls als Werkstatt für die längere Prosa und erprobt auch schon einmal Teilthemen seiner Romane in ihnen. Bei allem Lebenschaos ist er ein sorgfältiger Verwerter alles von ihm Geschriebenen.

Bald gibt es eine weitere Belastung des angespannten Verhältnisses zwischen Scott und Zelda. Um ein Minimum von Unabhängigkeit zu erreichen und zumindest ihre Tanzstunden selbst bezahlen zu können, versucht auch Zelda Kurzgeschichten zu schreiben und zu veröffentlichen und vertraut sie Harold Ober an. Damit sind die Fitzgeralds nun wirklich Konkurrenten auf dem gleichen Feld – es sei denn, man tut Zeldas Versuche von vornherein als unvergleichbar ab, aber das macht zunächst nicht einmal Scott. Was ihn verärgert und bedrängt, ist, daß sie die gleichen – «seine» – Themen verwendet, die auf gleiche Erlebnisse, Begegnungen, Erfahrungen, oft aber auch ganz auf Zeldas Notizen zurückgehen. Die meisten von Zeldas veröffentlichten Stories erscheinen unter ihrer beider Namen, häufig auch allein unter Scotts. Er gibt ihnen den letzten Schliff, er hat die überlegene Schreiberfahrung, und er behält die Kontrolle über das, was sie schreibt. Sein schlagendes Argument – dem auch Ober nachgeben muß – ist das weitaus höhere Honorar, das für die gleiche Story zu erzielen ist, wenn er allein für sie firmiert. Der Unterschied ist allerdings eklatant: Im Gesamtvergleich des Hauptbuchs für das Jahr 1929 ergeben sich für Zelda knapp zehn Prozent von Scotts Einnahmen für Stories, nämlich 2430 Dollar.

In einem Brief an Harold Ober aus dieser Zeit findet sich ein Postskriptum. Es geht um die «Girl»-Geschichten von Zelda Fitzgerald, eine Folge von sechs «Porträts» sehr junger, nicht ganz gewöhnlicher Frauen, Erbinnen des «Flapper»-Typs sozusagen, die für die Zeitschrift *College Humor* gedacht sind, ein Blatt, das besser ist als sein Name, aber keine allzu große literarische Wirkung hat. Scott möchte eine der Geschichten unter ihrer beider Namen für 1000 Dollar anbieten. «Falls der Herausgeber (H. N. Swanson) nur 500 Dollar zahlen kann, sollte sie nur unter Zeldas Namen erscheinen.»

Die letzte Geschichte in dieser Folge («A Millionaire's

Girl») geht an die *Saturday Evening Post*, Scotts Domäne, und soll 4000 Dollar bringen – wenn Zelda ungenannt bleibt. Und so geschieht es. Immer wieder versichert Fitzgerald, daß er mit diesen Geschichten nichts zu tun habe, daß sie ganz allein Zeldas Sache seien. Daß er allenfalls etwas redigiert habe. Er findet anerkennende, überzeugt klingende Worte für die besondere Qualität ihres Schreibens. Aber in seiner Bedrängnis durch den unvollendeten Roman plagt ihn die Sorge, auch sie könne auf das dafür vorgesehene Material zurückgreifen: ihrer beider Lebensgeschichte, neuester Teil.

Zweifellos geht es Zelda bei ihren Veröffentlichungen nicht nur um das finanzielle Ergebnis; vielleicht ist die Bezahlung der Tanzstunden auch eine nachträgliche Motivation ihres Schreibens. Ganz sicherlich aber geht es auch bei diesem Versuch um ihr Selbstgefühl – um «das Eigene» eben. Scott einzuholen oder gar zu überholen ist nicht ihr Ehrgeiz, aber in ihrer menschlichen und sprachlichen Eigenart, die ihr ja immer wieder nachgesagt wird, neben ihm zu bestehen, das wünscht sie schon. Auch der Gedanke einer Revanche für Scotts frühe Plagiate ist wohl mit im Spiel. Sie hat ja seinen lässigen Griff nach ihren Tagebuchnotizen und Briefen noch in Erinnerung. Scotts Reaktion auf Zeldas Schreibambitionen, auf sie überhaupt, wechselt sehr rasch. Immer wieder zeigt er Verständnis, ermutigt sie nach den Zusammenbrüchen zu einer Art Kunsttherapie – ein wenig Malen, etwas Schreiben –, zugleich aber kehrt er den Überlegenen heraus und setzt ihr strikte Grenzen.

Dann wieder leidet er unter seiner Unfähigkeit zu schreiben, für die er immer neue Gründe findet, und neidet Zelda ihre konsequente Aktivität, die ihn zugleich irritiert.

Weder eine versöhnliche sexuelle Nähe noch die Gewohnheit ihrer endlosen nächtlichen Gespräche führen sie mehr zusammen. Sie ertragen es kaum noch, miteinander allein zu sein, und so werden die gesellschaftlichen Gelegenheiten, die Paris ja in jeder Form und Qualität anzubieten hat, dankbar als Alibi ihres wahren Zustands angenommen. Gut tut es keinem von beiden, es dient allenfalls der Pflege eines verblaßten «Image», an das kaum noch jemand glaubt, der sie näher kennt. Sie driften auseinander. Und in der Folgezeit werden sie, was sie in den turbulentesten und widersprüchlichsten früheren Jahren nicht waren: nicht nur innerlich, auch äußerlich Getrennte. Sonderbarerweise wird diese Distanz, trotz ihrer quälenden Bedingungen, ihnen die Chance geben, sich in Briefen mitzuteilen und zu begegnen, was es in den Jahren permanenter physischer Nähe nicht gab. Den weitaus größten Teil ihrer Korrespondenz liefern die dreißiger Jahre.

Scott Fitzgeralds Leben scheint sich in diesen Jahren etwas abseits der realen Welt abzuspielen. Er ist kein politischer Kopf und viel zu selbstbezogen (wenn auch kein «romantic egotist» mehr), um sich außerhalb seines eigenen persönlichen und literarischen Bereichs zu engagieren. Aber er hat ein ausgeprägtes Gespür für die spezifische Zeitbeschaffenheit. Dieser besondere Sinn für das Historische führt ihn in die Nähe politischer Erkenntnis.

Es ist aber sicherlich ein Irrtum, wenn er sich in jungen Jahren als «Sozialisten» sieht (selbst wenn Armory, der Held seines ersten Romans, dem kapitalistischen, aber gutwilligen Vater eines kriegsgefallenen College-Freundes eine flammende Rede in diesem Sinne hält). Ende der zwanziger Jahre mit ihren überspannten Hoffnungen zeigt er wie viele Intellektuelle allenfalls gewisse Tendenzen nach «links».

Die liberalistische Tendenz der Regierungspolitik unter dem unbedeutenden republikanischen Präsidenten Warren G. Harding (1921–1923) – der einen der glänzendsten Siege in einer Präsidentschaftswahl erzielen konnte – ist eine Reaktion der Wähler auf die Überforderung durch die «idealistische» Politik Woodrow Wilsons, der nach Ansicht vieler Amerikaner die Neue Welt zu sehr in die Angelegenheiten der Alten verstrickt hatte. J. Calvin Coolidge (1923–1929), der Harding als 30. Präsident der USA folgt, ist ein konservativer und frommer Ehrenmann (was sich von dem durch Korruptionsskandale schwer belasteten Harding nicht sagen läßt). Dennoch äußert der «Puritaner in Babylon», ein entschlossener Wirtschaftspolitiker, Kernsätze, die dem materialistischen Denken in Amerika zumindest Vorschub geleistet und Fitzgeralds vage Vorstellungen von der Macht des Geldes beeinflußt haben mögen. So meint der Präsident ohne Bedenken: «Köpfchen bedeutet Reichtum, und Reichtum ist der Hauptzweck des Menschen.» Und er scheut sich auch nicht, Fabriken als «Tempel» zu bezeichnen und die Arbeit darin als «Gottesdienst». Es ist sehr die Frage, ob die rasch wachsende Industriearbeiterschaft sie so empfand.

Die Verquickung von Regierungsinteressen und wirtschaftlichem Aufstieg der USA war schon bei Coolidge offensichtlich. Unter dem Republikaner Hoover (von Beruf Bergbauingenieur und in Großorganisationen erfahren), der bereits von 1921 bis 1928 Handelsminister und ab 1929 für vier Jahre US-Präsident ist, wird die Dominanz der Wirtschaft besiegelt. Die Steuergesetze begünstigen die Großverdiener. Die Landwirtschaft gerät ins Abseits und die Bevölkerung in eine häufig geschilderte Notlage. Die berüchtigten «Dust Bowls», extreme Dürreperioden, verschlimmern die Lage. Die Preise für landwirtschaftliche Produkte fallen, der Gesamtwert der Agrarproduktion geht zwischen 1919 und 1929 um fast 30 Prozent zurück. Die Farmer fürchten, aus ihrer einst tragenden Rolle in der Gesellschaft verdrängt zu werden.

Die Voraussetzung für die Prosperität in den zwanziger Jahren ist die Produktion von Massengütern mittels neuer technologischer und organisatorischer Methoden. Die Industrieproduktion nimmt zwischen 1921 und 1929 auf fast das Doppelte zu. Die hochwertigen, in Massenproduktionen erzeugten und damit erschwinglichen Gebrauchsgüter verändern den American way of life wie nichts zuvor. An oberster Stelle – geradezu ein Symbol dieses Prozesses – steht das Automobil. 1923 gibt es in Amerika bereits etwa 15 Millionen Kraftfahrzeuge, 1926 ungefähr 20 Millionen, 1927 sind es 26 Millionen Autos, die zum Teil «auf Raten» gekauft werden – auch dies eine neue Errungenschaft. Gegen Ende der zwanziger Jahre hat in den USA jeder fünfte ein Auto (eine Verteilungsdichte, die in der Bundesrepublik Deutschland erst 1965 erreicht wird). Ein preisgünstiges, fahrtüchtiges Modell von Ford kostet 1924 rund 290 Dollar, «etwas mehr als ein Zehntel des als jährliches Einkommensminimum einer Familie angenommenen Betrags» (Erich Angermann).

Das Auto spielt in den zwanziger Jahren eine hervorragende Rolle: mit seinen praktischen Folgen wie in der Spiegelung der zeitgenössischen Literatur. Die Faszination vor allem für die Jungen ist enorm. Es verspricht eine nie gekannte Bewegungsfreiheit.

Die extravaganten Auftritte der jungen Fitzgeralds in New York und anderswo wären ohne diesen fahrbaren Untersatz nicht vorstellbar. Es wird zum gesellschaftlichen Demonstrationsobjekt und zum Tummelplatz neuer sexueller Freiheiten. Nicht zuletzt bewirkt die derart erheblich erhöhte individuelle Mobilität den Auszug der Besserverdienenden an den Rand der rapide vermassenden Städte und damit eine sehr charakteristische amerikanische Lebensform und Denkweise: den «Suburbanism», die unbehelligte, «heile» Vorstadtmentalität.

Sowenig die «lost generation» von Politik wissen will, so gleichgültig ihr also Tendenzen wie Konservatismus oder Reformismus sind – die Errungenschaften der Epoche eignet sie sich ganz schnell an: außer dem temposchaffenden Auto ist es die sinnverkürzende plakative Sprache der Werbung, die sich den Slang zunutze macht. (Nicht wenige, die Schriftsteller werden wollen oder auch werden, verbringen ihre damals schlecht bezahlten Lehrjahre in Werbeagenturen.)

Nicht minder wirksam ist die Bilderwelt des zunächst stummen Films. Von beiden hat Scott Fitzgerald in der Aktualität und der gedrängten Anschaulichkeit seiner Prosa genialen Gebrauch gemacht. Sein direktes Verhältnis zum Film als Drehbuchautor hingegen ist keineswegs glücklich. Das zeigt die Zeit seiner letzten Zuflucht in Hollywood mit deprimierender Schärfe.

Der wirtschaftliche Fortschritt in Großbetrieben und Ladenketten wird mit dem Rückgang selbständiger Arbeit zugunsten von Lohn- und Gehaltsempfängern bezahlt. Die Dienstleistungen nehmen zu, die Welt der Angestellten entsteht und erweitert sich beständig. Neue Energiequellen (Öl und Elektrizität) verdrängen den Kohlebergbau. Es ist ein sozialer Strukturwandel unerhörten Ausmaßes. Das Sozialprodukt wächst, die Arbeitslosenzahl bleibt zunächst niedrig (3,7 Prozent). Aber um es plakativ zu sagen: «Die 36 000 reichsten Familien hatten 1929 mit 42 Prozent den gleichen Anteil am Volkseinkommen wie die 12 Millionen Familien (über die Hälfte der Gesamtbevölkerung) mit 1500 Dollar Jahreseinkommen; nur 29 Prozent aller amerikanischen Familien erreichten oder überschritten das in halbamtlichen Schätzungen als Existenzminimum angegebene Jahreseinkommen von 2500 Dollar» (Erich Angermann).

Auch das gehört zum «goldenen» Jahrzehnt. Diese Daten geben den ernüchternden Hintergrund ab für die finanziellen Kalamitäten des Höchstverdieners Fitzgerald. Die Verheißung von der Gottwohlgefälligkeit des Wohlstands – des durch eigene Tüchtigkeit erworbenen, versteht sich – scheint sich erneut auszuwirken. Der Drang, zu jenen oberen Sechsunddreißigtausend zu gehören, äußert sich so vehement wie andererseits der zunehmende Protest gegen das aus diesen Ziffern ablesbare soziale Mißverhältnis.

Die Republikaner gewinnen zwar 1929 mit Herbert C. Hoover die Präsidentenwahl, aber die Demokraten setzen sich in fast allen großen Städten durch, die ja mit der Umstrukturierung der Bevölkerung und dem Zunehmen industrieller und Dienstleistungsbetriebe immer mehr Gewicht bekommen. Hoover kümmert sich zwar nachdrücklich um die Probleme der landwirtschaftlichen Bevölkerung, die er von seinem Vorgänger übernimmt, und versucht den Markt für Agrarprodukte zu stabilisieren. Aber die überhöhten Schutzzölle wirken sich auf die Dauer frustrierend auf den Welthandel aus. Was die Wirtschaftspolitik Hoovers und die Prosperität schließlich im großen Banken- und Börsenkrach zu Fall bringt, sind die hemmungslosen Spekulationsgeschäfte des Sommers 1929. Ein Jahr zuvor noch äußert der Präsident: «Wir sind heute dem Ideal der Verbannung von Armut und Furcht aus dem Leben von Männern und Frauen nähergekommen als je zuvor in irgendeinem Land.»

Dies war offenbar der Fall. Um so tiefer wirkt der Absturz, um so schwerer ist der Schock für das optimistisch gefärbte Lebensgefühl der Amerikaner und ihr festes Vertrauen in ihre Gesellschaftsordnung.

Die Katastrophe kommt nicht über Nacht, wie es gern dargestellt wird. Und sie findet auch nicht an einem «Schwarzen Freitag» statt, wie es die deutsche Version will, sondern zieht sich über mehrere Tage hin und erreicht ihren Tief- oder Höhepunkt an einem Donnerstag: dem 24. Oktober 1929. Banker und Börsenjobber, Spekulanten und Unternehmer sind angeblich ebenso ahnungslos, was die Gründe für diesen finanziellen Kollaps angeht, wie der berühmte Mann von der Straße. Existenzen sind für lange Zeit ruiniert. Selbstmorde häufen sich. Die Unantastbarkeit des Dollars hat einen schweren Stoß erhalten, bis 1932 sinkt seine Kaufkraft in den Abgrund. Die amerikanischen «Exilanten», die von seiner internationalen Überlegenheit im verarmten Europa mehr oder minder profitiert hatten, kehren in ein Land zurück, das unter einer schweren Depression leidet. Die Illusion des Glücks für alle in Form eines leicht erringbaren Reichtums ist dahin. Amerika scheint aus seinem Traum zu erwachen.

Da es sich bei dieser Wirtschaftskrise vor allem um die radikale Entwertung von Aktien und Grundbesitz handelt, ist Fitzgerald nicht unmittelbar betroffen: Er besitzt keines von beiden. Scotts und Zeldas Schicksal vollzieht sich in einem persönlichen Bereich, in den zwar gewisse Zeitphänomene – geistige Desorientierung, Alkohol und andere Rauschmittel, nervliche Überforderung und Wahn – eindringen, den aber die politische Wirklichkeit kaum berührt.

Zwiespalt und Zusammenbruch:
Die Getrennten

«April 23 Zelda enters Malmaison», trägt Scott Fitzgerald 1930 in sein Hauptbuch ein und korrigiert dabei «Malmaison» mehrfach. Er führt die Jahre jeweils von seinem Geburtstag (24. September) bis zum nächsten und überschreibt die Seiten mit seinem Alter, hier also «Dreiunddreißig Jahre alt». Diese Zeitrechnung vom persönlichen Datum her ist ungemein kennzeichnend für ihn.

«Zelda schwach und müde», folgt als nächster Eintrag zu ihr. Dazwischen Notizen zu geselligen Ereignissen, Freundesnamen. Am 11. Mai heißt es: «Zelda verläßt Malmaison.» Noch sind sie in Paris. Am 22. Mai: «Zelda geht nach Valmont, Glion, Schweiz.» Am 4. Juni verläßt sie Valmont wieder. Am 5. Juni trifft sie in Prangins am Genfer See sein. Alle diese Adressen sind Sanatorien oder Nervenkliniken, Bezeichnungen, hinter denen sich das Schreckenswort «Psychiatrie» verbirgt.

Mit der Eintragung Scotts vom 23. April 1930 entfernt sich Zelda schrittweise aus einer lange bewohnten turbulenten Welt und betritt – mit kurzen Unterbrechungen für immer – eine andere, abseits der «normalen» Lebensunruhe. Ihre totale Überforderung und Erschöpfung sind in einem «Nervenzusammenbruch» explodiert. Erregte Verwirrung wechselt mit unendlicher Müdigkeit. Scotts wie immer knappe Eintragungen stellen Zeldas Befinden neben Erzählungen, an denen er gerade arbeitet. Der Roman bleibt in dieser Zeit unerwähnt.

Später kann Zelda die Reise nach Prangins mit der Klarheit beschreiben, die ihr immer wieder erstaunliche Einsichten in sich selbst und andere vermitteln wird. Sie schildert ihren Entschluß, den Tanz und die Jegorowa, in der er sich personifiziert hat, ganz aufzugeben, «ihr Bild zu zerstören». Sie erkennt, daß sie am Ende ihrer Kräfte angelangt ist. Sie will ein ruhiges Leben an der Seite ihres Mannes führen. Aber sie weiß oder ahnt zumindest, was sie aufgibt: «Es war alles, was ich zu der Zeit auf der Welt besaß.»

«Les Rives de Prangins», in der Nähe von Nyon am Genfer See, ist ein gerade neu etabliertes Psychiatrisches Sanatorium unter Leitung von Dr. Oscar Forel, das schnell internationalen Ruf gewinnt. Es macht den Eindruck eines anziehenden Sommersitzes für reiche Leute, und reich muß man sein, um Patient in Prangins zu werden. Dr. Forel versucht im Gespräch, auf das Zelda nur zögernd eingeht, sich ein Bild über den Hintergrund der Erkrankung zu machen. Briefe der Familie treffen ein, die Erklärungen anbieten, aber ihn eher verschleiern. Von der robusten Gesundheit Zeldas als Kind ist die Rede im Vergleich mit den Geschwistern, die zu Nervosität und Depressionen neigten, was auf das autoritäre Verhalten des Vaters zurückgeführt wird. Zeldas Verhältnis zur Mutter (die das Kind bis ins dritte Jahr stillte!) wird als besonders gut und eng beschrieben. Sie habe sie verwöhnt und gegen die rigorosen Moralansichten des Vaters in Schutz genommen.

Auch Scott liefert «Hintergrund», der sich allerdings zunächst nur auf ihre Ehejahre bezieht. Natürlich ist er bemüht, kein zu finsteres Bild von sich als «Schuldigem» entstehen zu lassen. Und er ist ja auch kein Finsterling, der «prince charming», nur ein in hohem Maße auf sich bezogener Mann, der die gescheite, attraktive Frau an seiner Seite mit Luxus verwöhnt, aber nicht in der Lage ist, der Partnerin zu ihrem Recht auf «etwas Eigenes» zu verhelfen. Jahrelang entspricht sie – durchaus mit Vergnügen – seinem «Entwurf». Als sie merkt, daß der nichts von ihr übrigläßt, ist es zu spät.

Scotts Briefe zu Beginn von Zeldas Behandlung, auch die Briefe an die Ärzte, zeigen sich betroffen, besorgt, liebevoll. Blumen, bitte, jeden zweiten Tag, und er verspricht, sich mit Besuchen zurückzuhalten, wenn sie den Heilungsprozeß behindern.

Im Juni 1930 schreibt Zelda aus Prangins einen todunglücklichen Brief an Scott: «Warum schreibst Du mir nicht, was Du denkst und wünschst», klagt sie, «statt vager Versuche, mich zu beruhigen?» Er habe doch immer so viel Verständnis für Menschen gezeigt, die spät im Leben noch einmal von vorn anfangen mußten, daß sie denke, er könnte doch so großmütig sein, auch ihr unter vielen anderen zu helfen. «Nicht wie man einem Kind hilft, sondern einem gleichberechtigten Partner.» Sie möchte aus Prangins fort, er verschwende hier Zeit, Mühe und Geld: «Du irrst, wenn Du glaubst, daß Du mich auf eine Rückkehr nach Alabama vorbereiten könntest, oder wenn Du denkst, daß ich bereit bin, den Rest meines Lebens ohne Glück, ohne Ruhe und ohne Arbeit von einem Sanatorium ins nächste zu ziehen.» Aber genau so wird es kommen.

Diese Briefe zwischen Scott und Zelda «korrespondieren» nicht im Sinne von Mitteilung und Antwort. Dennoch scheint es, als sähen sie einander und auch sich selbst in der äußeren Distanz klarer, weniger verfälscht durch das so lange wirksame Vor-Bild. Das ist keine geradlinige Entwicklung. Es gibt Augenblicke liebevoller Annäherung und dann wieder haßerfüllte Abkehr voneinander. Scotts Nähe, um die Zelda in ihrer Abgeschiedenheit so dringend bittet, ist nach dem Urteil der Ärzte nicht angeraten. Tatsächlich verschlimmert sich ihr Zustand, und als sichtbarstes Zeichen das quälende Ekzem, immer nach einem Besuch Scotts oder sogar Scotties wie nach einer zu starken emotionalen Anforderung.

In einem Entwurf aus diesem Sommer 1930 (der Brief wurde vermutlich nie abgeschickt) rekapituliert Scott die letzten gemeinsamen Jahre. Er beklagt sein Unglück und daß keiner ihn richtig versteht, dann wieder ist er voller Triumph über seine erfolgreichen Anstrengungen, seine Leistung – trotz allem. Und immer wieder der Refrain: «Aber Du warst immer krank, und es war kein Glück im Haus!» Gelegentlich grenzen die Äußerungen an Selbstbezichtigung. Aber der Nachdruck liegt doch auf Zeldas Versagen: ihrem Mangel an Verständnis für ihn, ihrer Gleichgültigkeit, der wachsenden Divergenz ihrer Interessen, schließlich ihrem Rückzug in sich selbst während ihres obsessiven Tanzens. Ihre häusliche Mißwirtschaft, die Unkosten, die sie dadurch und überhaupt verursacht – alles kommt vor. Immer meint er, sich selbst Vorwürfe zu machen, aber am Ende ist es doch eine bittere Abrechnung mit ihr. Die zeitweilige Entfernung von den Murphys und die Entfremdung von Hemingway gehören zu den Enttäuschungen, die an seinem Selbstbild nagen. Das Schlimmste aber ist für ihn das Gefühl, daß auch Zelda sich von ihm abgewendet habe: «Du brauchst mich nicht mehr!» Ein unglaubliches Mißverständnis! Und dann der tödliche Hieb: «Du wurdest verrückt und nanntest es Genie!» Jeder habe ihre «größenwahnsinnige Selbstsucht» erkennen können. Zwar gesteht er ihr einen «härteren Verstand» und eine «überlegene Beobachtungsgabe» zu, er aber habe die Fähigkeit, das Richtige zu erraten, er wisse auch, woher der «geistige Kurzschluß» bei ihr rühre. Und schließlich die überraschende Einsicht: «Wir haben uns jeder selbst ruiniert, ich habe nie ehrlich geglaubt, daß wir uns gegenseitig zugrunde gerichtet haben.»

Parallel zu diesen Aufzeichnungen gibt es aus dieser Zeit einen langen Rückblick in einem Brief von Zelda: Es sind rasch wechselnde Szenen einer Ehe, eindringliche, manchmal skurrile Impressionen, Ortsbeschreibungen und Personenskizzen, in der Andeutung äußerst komprimiert, inkohärent in der Raffung vielleicht, aber nicht konfus. Eine knapp fixierte Bestandsaufnahme der ihnen so lange gemeinsamen Dinge, gesehen durch ihre Erfahrung und ihr Temperament. Es ist ihre Lebens- und immer mehr ihre Leidensgeschichte. Vielleicht hat hier nicht der von Scott betonte «härtere Verstand» das Sagen, deutlich aber ihre lebhafte, scharfe Wahrnehmungskraft, die schon ihre ersten Mitteilungen nach dem Zusammenbruch zeigen: Sie nimmt wahr, was mit ihr geschieht, und zugleich ihren reduzierten Zustand. Was sie nicht ermessen kann, ist das Ausmaß und die Auswirkung ihrer Krankheit. «You left me more and more alone», ist ihre Klage. Sie beschreibt diesen Prozeß sogar mit einem gewissen Verständnis für ihn: sie sei ja in der Tat sehr oft krank gewesen. Aber sie widerspricht damit glaubhaft seinem Vorwurf, *sie* habe sich *ihm* entzogen, weil sie ihn nicht mehr brauchte. Sie hätte ihn sehr gebraucht, «aber Du warst fast immer betrunken».

Jeder fühlt sich vom anderen verlassen, sie können einander nicht erreichen. Höchstens noch in den seltenen Augenblicken, wenn die Unlösbarkeit dieser Bindung die Querelen und die Selbstbehauptung überwindet, wenn besonders in Zeldas Briefen sich eine große Vertrautheit, eine manchmal überschwengliche Zärtlichkeit, ja eine exzessive Liebe äußert bei dem zugleich erkennbaren Wunsch, «ihr Eigenes» doch noch zu gewinnen, die zaghafte bis dringende Hoffnung auf einen gemeinsamen neuen Anfang.

Von dieser Möglichkeit ist auch in einem Brief Fitzgeralds an Dr. Forel aus diesem Spätsommer die Rede, *«etwas, das ich aus vollem Herzen wünsche»*. Er dankt dem Arzt für sein unermüdliches Interesse an Zelda, das diese Aussicht überhaupt denkbar mache. Zur Sprache kommen aber auch seine eigenen Bedürfnisse «als Arbeiter». Er schildert, wie er es als ganz junger Mann mit harter Unermüdlichkeit zu einem der ersten amerikanischen Schriftsteller gebracht habe, seine immense Produktivität, seinen Erfolg. Und diese enorme Arbeitsleistung habe immer auf Kaffee beruht, Kaffee und nochmals Kaffee, *«niemals Alkohol …»*. Nach fünf bis sechs Stunden Arbeit sei er *bleich und zitternd* vom Schreibtisch aufgestanden, um etwas zu essen. Zweifellos habe sich eine gewisse Reizbarkeit entwickelt, es sei ihm schwergefallen, heiter umzugehen mit seiner Frau, die ihre Talente und ihre Intelligenz nie zu nutzen, ihm nie etwas nachzusehen versucht habe. Und dabei habe er ihr doch eine bequeme Existenz mit einem Luxus geboten, wie es europäischen Autoren kaum möglich gewesen wäre. Die geselligen Sitten Europas und Zeldas Gewohnheit in Frankreich, bereits mittags Wein zu trinken (er täte dies erst abends!), hätten ihn zu regelmäßigem Alkoholgenuß verführt. «Auf die Idee mit dem Ballett bin ich 1927 gekommen», steht da zu lesen, «um ihr Nichtstun und diese Trinkerei zu beenden, in der sie sich schon so verloren hatte, daß sie mehrere Selbstmordversuche unternahm.»

Eine für einen Außenstehenden kaum durchdringliche Mischung aus Dichtung und Wahrheit, aus Realität und freier Interpretation. Was will er damit erreichen? Denkt er, den Psychiater zu täuschen (noch dazu Oscar Forel, der, wie schon sein Vater, einen entschiedenen Kampf gegen den Alkoholismus führt)? Will er Zelda die ganze Schuld anlasten und sich von der Verantwortung befreien? Aber im gleichen Brief nimmt er ja die Verantwortung für Zeldas Zukunft ausdrücklich auf sich und stellt damit zugleich den Anspruch, über sie zu bestimmen. Er müsse endlich wieder das Gefühl haben, das Leben sei nicht nur eine hoffnungslose Anstrengung, um eine Frau zu erhalten, deren Neigungen sich täglich mehr von seinen eigenen entfernt hätten ... Schließlich kommt er auf den eigentlichen Punkt, und da heißt es wörtlich: «Wenn es nun aufs neue zu der alten Frage kommt, wer von zwei Menschen es wert ist, erhalten zu werden, so muß ich, wenn ich an meinen fast erfüllten Ehrgeiz denke, Teil der englischen Literatur zu sein, wenn ich an mein Kind, ja, sogar wenn ich an Zelda denke, für die ich aufkommen muß – notwendigerweise zunächst mich selbst berücksichtigen.» Er räumt nun auch seine – inzwischen – schwere Trinkerei ein und ist bereit, sie aufzugeben, nicht aber das moderate für seine Arbeit unerläßliche Quantum Alkohol. «Einen halben Liter Wein am Ende eines Tages halte ich für das gute Recht eines Mannes.» Wenn er das Trinken ganz aufgäbe (was seinem Temperament, seiner Gewohnheit und den Umständen seines Metiers widerspräche), könnte das nicht als Beweis dafür ausgelegt werden, daß eben doch er Zeldas ganze jetzige Kalamität verursacht habe? Mit anderen Worten: Würde sie dann nicht mit *ihrer* Ansicht recht und damit Macht über ihn bekommen?

Immer wieder wird die Szene zum Tribunal, das in diesem Fall die Ärzte darstellen, von denen das Urteil über die Krankheit erwartet wird. Beide, Scott wie Zelda, kämpfen um ihr «Eigenes», um die Essenz ihres Lebens oder was sie inzwischen dafür halten. Zelda wehrt sich mit wechselnder Kraft und Überzeugung gegen ihre schrittweise Entmündigung, den Entzug der realen Welt, gegen Isolierung. Scott gegen die Last, die mit ihr als psychiatrischer Dauerpatientin ihn um alle persönliche und künstlerische Bewegungsfreiheit zu bringen droht.

Die fünfzehn Monate ihrer Behandlung in Prangins zeigen keine kontinuierliche Entwicklung. Ende 1930 verschlimmert sich ihr Zustand. An Weihnachten ist der Tiefpunkt erreicht: sie verhält sich aggressiv gegen Scott und Scottie, alles ist ihr zuviel, geht über das ihr erträgliche Maß an emotionaler Unruhe hinaus. Oscar Forel neigt dazu, Zelda für konstitutionell psychopathisch und emotional unbalanciert zu halten. Zeitweilig befürchtet er sogar einen Hirnschaden. Von einer Psychoanalyse wird abgesehen – man will die empfindliche Balance nicht damit noch mehr gefährden. Ein dreizehnstündiger hypnotischer Heilschlaf hingegen kann das quälende Ekzem – für einige Zeit – beseitigen.

Auf Scotts Drängen zieht Forel die damalige Kapazität auf dem Gebiet der Psychose, Karl Eugen Bleuler, hinzu, den

«Erfinder» des Begriffs Schizophrenie. Bleuler erklärt Fitzgerald, daß von vier vergleichbaren Fällen ein Patient geheilt werde und ein ganz normales Leben führen könne, einer allerdings unheilbar bleibe, die übrigen zwei nur eingeschränkt lebenstauglich seien. Zeldas Chancen findet er nicht schlecht. Ihre Entlassung aus der Klinik, wie sie es wünscht, womöglich eine Rückkehr nach Amerika, hält er zu diesem Zeitpunkt allerdings für ein ihr unzumutbares Risiko.

Auf Scotts Frage an beide Ärzte, ob er nicht Zelda strenger anfassen solle, erhält er die weise wirkende Antwort: Das könnte schon sein, aber Mrs. Fitzgerald habe nun einmal den Künstler in ihm geheiratet – was immer damit gemeint gewesen sein mag. Ohne Zweifel hat Sara Mayfield recht, wenn sie die schwierige sprachliche Verständigung zwischen den Ärzten und der amerikanischen Patientin in einem Sanatorium der französischsprachigen Schweiz für ein großes Hindernis hält. Aber auch ein persönliches Verständnis ist schwer herzustellen: Zelda lehnt die meisten ihrer Ärzte ab. Sie hält Bleuler für einen ausgemachten Dummkopf. Die Mißverständnisse sind programmiert.

Die Überlegung, wie er sich Zelda gegenüber verhalten soll, beschäftigt Scott anhaltend. Er macht sich «sachkundig», er kommt intuitiv auf den Gedanken, es könne in ihr ein «chemical» zuviel oder zuwenig enthalten sein (so wie man später bei Manisch-Depressiven das fehlende Lithium erkannte). Aber er hat dabei nicht nur *ihr* Wohl im Sinn: Er braucht die Erkundungen für seinen Roman. Sein Roman wird – wenn er gelingt – das Phänomen der Gespaltenheit zwischen wirklicher und Wahnwelt, so wie er es selbst erfahren, erlebt, erlitten hat, erfassen und es für andere als Zeiterscheinung faßbar machen. Der Zwiespalt als Thema und Zustand – Zustand gilt für ihn wie für Zelda, er stigmatisiert das Paar, das sie sind und – bis zum Zerreißen – bleiben.

Am 15. September 1931 wird Zelda aus der Prangins-Klinik entlassen. Gleich darauf fahren die Fitzgeralds nach Pa-

Eine Modefotografie von Zelda mit der Tochter «Scottie» aus der
Baltimore Sun zu Beginn der dreißiger Jahre.

ris, sehen die wenigen Freunde, die gerade da sind, und nehmen dann das gleiche Schiff, die Aquitania, zurück in die USA, das sie einmal nach Europa gebracht hatte. Der Abschied ist endgültig.

In New York halten sie sich nur kurz auf. Manhattan, das rastlose Glitzerding, hat für sie alle Verlockung eingebüßt, ist zur «unmöglichen Stadt» geworden. Auch die Freunde haben sich verändert. Edmund Wilson («Bunny»), der einst apolitische Ästhet, und John Dos Passos sind neuerdings stark für den Kommunismus eingenommen. Scott entdeckt gewisse eigene Neigungen nach «links» und bekundet sie vorsichtig in einem Interview. Die Depression hat auf das gesamte Lebensklima durchgeschlagen. «Die dreißiger Jahre hatten den Preis für die zwanziger zu zahlen», stellt der um einiges jüngere Arthur Miller im Rückblick fest.

Nach der Rückkehr aus Europa siedeln sich die Fitzgeralds in Montgomery, Alabama, an, im guten Wohnviertel, in dem Zelda Kindheit und Jugend verbracht hat. Montgomery ist vertraut und scheint auf den ersten Blick nahezu unverändert. (Stellenweise und für Augenblicke ist das noch heute so.) Eine alte südstaatliche Stadt mit ihrem verlangsamten Tempo, ihrer trägen Stille, der Schwüle, den sinnlichen Düften, einer gewissen Zeitlosigkeit. Erst auf den zweiten, schärferen Blick wird der Verfall der noblen alten Häuser hinter dem wuchernden Grün der Gärten, wird das Vergangene und Überholte eines Lebensstils sicht- und fühlbar.

Zelda gerät in den Sog dieses Klimas, auch unter den Einfluß der Familie und alter Freunde, die Scott mit höflicher Antipathie oder doch mit Zurückhaltung begegnen. Er fühlt sich unbehaglich, abgetrennt von seiner Vergangenheit wie von seiner Zukunft, abgestellt und eingeschränkt und versucht sich aus der ihn bedrückenden familiären Atmosphäre durch fleißigen Besuch des Country Clubs herauszuhalten. Er ist zwiespältig, aber auch froh, als er von Metro-Goldwyn-Mayer aufgefordert wird, das Skript für einen Film («The

Redheaded Woman») zu bearbeiten und reist schließlich erleichtert und allein ab. Die «große Welt» winkt.

Aber er wird Hollywood verändert finden: Der Tonfilm hat einige der bekanntesten Stars verdrängt. Es herrscht überhaupt ein anderer «Ton» – in den Filmdialogen wie in den Studios. Thalberg ist der neue große Mann, der alles bestimmt und umorganisiert. Scott ist von ihm beeindruckt und versucht, auf seine etwas dringliche Art, ihn und seine Frau, die Filmschauspielerin Norma Shearer, kennenzulernen. Die Begegnung mißlingt, wie so oft in seinem betrunkenen Zustand macht er sich lächerlich. Sein Skript wird nicht angenommen, der Vertrag nicht verlängert. Er fühlt sich unverstanden, deplaziert und spürt, daß, was er zu bieten hat, im neuen Hollywoodfilm als «vieux jeu» gilt. Der finanzielle Gewinn von – dringend gebrauchten – 6000 Dollar kann ihn kaum über den Mißerfolg hinwegtäuschen. Einzig die Begegnung mit der jungen Schauspielerin Lois Moran stabilisiert sein männliches Selbstgefühl und entfernt ihn ein Stück von Zelda.

Inzwischen entwickelt Zelda im Schutz und Schatten des vertrauten Milieus eine Neigung zur Selbständigkeit. Die Familie und einige Freunde drängen sie, sich endgültig von Scott zu trennen. Momentweise kann sie sich vorstellen, ohne ihn ein neues Leben mit Scottie anzufangen, aber immer wieder wird sie sich ihrer nicht nur finanziellen Abhängigkeit von Scott bewußt. Immerhin beginnt sie wieder zu schreiben, Kurzgeschichten, von denen sie eine ganze Anzahl an Harold Ober schickt, den inzwischen gemeinsamen Agenten der Fitzgeralds. Er kann zu ihrer Enttäuschung nur eine zu mäßigem Honorar unterbringen. (Sieben Stories, die in den Checklisten von Ober erscheinen, sind verschwunden, und auch die erste Fassung ihres Romans ist bis heute unauffindbar.) Auch am Roman arbeitet sie in Scotts Abwesenheit.

Am 15. Januar 1932 schreibt Scott Fitzgerald an seinen

langmütigen Lektor und Freund Perkins: «Endlich, nach zweieinhalb Jahren, werde ich mich fünf Monate hintereinander mit meinem Roman befassen ...»

Und dann ist es wieder soweit: Im Februar 1932 verschlechtert sich, erkennbar an den üblichen Symptomen nervöser Überreiztheit, Zeldas Zustand erneut, und sie wird – auf eigenen Wunsch oder auf dringendes Anraten Scotts? – zunächst zur Beobachtung in das Johns Hopkins Hospital in Baltimore gebracht und schließlich in die dortige psychiatrische Phipps-Klinik eingewiesen. Die genauen Ursachen sind auch jetzt schwer zu erkennen: Ist es der noch unverarbeitete Tod ihres Vaters im zurückliegenden Herbst, die Überforderung durch das intensive Umgehen mit dem autobiographischen Stoff ihres Romans oder die für sie spürbare Entfremdung Scotts durch seine Hollywood-Eroberung? Vielleicht wirkt alles zusammen. Vielleicht – eine erlaubte Spekulation – braucht sie auch die Abgeschiedenheit der Klinik, den Schutz vor zuviel Nähe, für die begonnene Schreibarbeit. Und jetzt geschieht das Erstaunliche: In wenigen Wochen beendet Zelda, sehr von einer jüngeren Ärztin ermutigt, in der Klinik die erste Fassung des Romans und schickt ihn, ohne Scott zu fragen, an Maxwell Perkins zur Prüfung: Sie ist sich ihrer «Kühnheit» bewußt und bittet ihn um ein offenes Urteil. Später wird sie dem außer sich geratenen Scott erklären, sie habe ihn in seiner eigenen Arbeit nicht stören wollen. Ein ziemlich durchsichtiger Vorwand. Er findet, nachdem er das Manuskript gelesen hat, sie habe ihn mit diesem eigenwilligen Schritt «hintergangen», habe *sein* Material mißbraucht. Und jetzt nimmt er – um Schlimmes zu verhüten – alles in die Hand, zum deutlichen Ärger Zeldas, die sich in den Worten Luft macht: Ihr Roman sei einzig und allein ihre Sache und gehe ihren Ehemann verdammt noch mal nichts an. Aber es hilft nichts, sie ist wieder einmal abhängig von ihm, und wie immer äußert sich diese

Abhängigkeit ambivalent: Scott zeigt sich interessiert, lobt den Roman Perkins gegenüber, bietet ihr seinen Rat und Korrekturen an, die sie zum Teil akzeptieren kann, aber nur zum Teil. Andererseits verfügt er über sie und ihre Arbeit, wie er es für richtig hält. Sicherlich mit der größeren Erfahrung des professionellen Schriftstellers, ganz gewiß aber auch bedacht auf die Wirkung, die ein Buch seiner Frau, noch dazu ein im Inhalt so persönliches, für ihn und seine literarische Reputation haben könnte.

Der Briefwechsel mit Perkins in dieser Sache ist eine authentische – und vieles enthüllende – Quelle. Er zeigt Scotts außerordentlich umsichtig motivierte totale Machtergreifung. Im April 1932 schreibt er an «Dear Max»: «Zeldas Roman ist jetzt gut, in jedem Sinne verbessert. Er ist etwas Neues. Sie hat die New Yorker Kneipenszenen und die ‹Wir-waren-auch-in-Paris›-Atmosphäre ganz eliminiert. Du wirst ihn mögen.» Wenn das der Fall sei, möge er bitte sein Lob nur ja nicht übertreiben, «wozu man Kranken gegenüber leicht neigt». Und sie dürfe auch nicht durch die Annahme ihres Buches meinen, sofort zu Ruhm und Reichtum zu kommen. Dies sei auch die Ansicht der Ärzte. Wenn sie tatsächlich Erfolg habe, müsse sie sofort professionell weiterarbeiten, «nur um der Sache willen», auch wenn sie müde sei und die anfängliche Inspiration ausbleibe. Er weiß inzwischen genauer als in seinen eigenen Anfängen, wovon er spricht. Keineswegs dürfe sie seinen Spuren folgen, die ihrem Bewußtsein natürlich tief eingebrannt seien. Zelda wird auf ihren Platz verwiesen, sie darf nicht übermütig werden.

Perkins ist durch Zeldas Roman beeindruckt, befolgt aber genau die Anweisungen seines einstigen Starautors und Freundes. Auch die, nicht über den Vertrag mit ihr zu sprechen. «Du sagst mir, wann ich Zelda irgend etwas mitteilen soll.» Im Mai findet Scott nach letzten Korrekturen Zeldas

Das arrivierte Paar – jenseits des Paradieses, bei einer Theateraufführung in Baltimore, 1932. Zeldas Gesicht ist nach ihrem ersten psychischen Zusammenbruch 1930 und mehreren Klinikaufenthalten zur Maske erstarrt. Scott, sechsunddreißigjährig, wirkt wie ein verbrauchter Lebemann.

Roman sogar sehr gut. Allerdings könne er es vielleicht nicht beurteilen, stünde allem zu nah. Jedenfalls werde er «Tausende Tanzbegeisterter» interessieren! «Es geht darin *um etwas*, und er ist in seiner Art vollkommen neu – er müßte sich verkaufen.»

Zelda Fitzgeralds Buch «Save me the Waltz» erscheint am 7. Oktober 1932 bei Scribner's in denkbar bescheidener Ausstattung und ohne intensive Werbung. Es soll unter dem «großen Namen Fitzgerald» mitlaufen. Das öffentliche Interesse ist gemischt. Einige Kritiker meinen wirklich die neue Romanautorin, anderen, wohl den meisten, geht es um die erhofften «Enthüllungen» über das einstige Traumpaar.

Noch in der Zeit der Auseinandersetzung über das Buch zwischen Zelda und Scott gibt es einen Brief Zeldas von so luzider Einsicht in ihre eigenen Möglichkeiten, wie man sie jedem psychisch unbeschädigten Autor wünschen möchte. (M. J. Bruccoli teilt ihn im Sammelband ihrer Veröffentlichungen in einer leider viel zu knappen Auswahl ihrer Briefe mit.) Sie stimmt darin – ohne Mühe – einigen seiner Änderungswünsche zu, dann aber heißt es: *«Ich möchte aber, daß Du ganz genau begreifst, daß meine Überarbeitung einzig ästhetische Gründe haben wird: daß das ganze übrige Material mein legitimer Stoff ist, den zu sammeln es mich ein ganz schönes emotionales Sümmchen gekostet hat.»* (Im Originalbrief unterstrichen, vielleicht von Scott.) Was die Freunde angehe, von denen in dem vorhergehenden Brief von Scott die Rede ist, so habe sie, erstens, keine, und zweitens verstehe sie darunter, daß alle, mit denen sie umgegangen seien, «mich immer für selbstverständlich gehalten, deine Anregung und deinen Ruhm gesucht, meine Dinners gegessen und ‹die Fitzgeralds› irgendwohin in ein Lokal eingeladen haben». Sie unterschreibt: «Mit inniger Liebe bin ich Deine aufgebrachte Zelda.»

Im Frühjahr 1933 meldet Perkins fast etwas schuldbewußt einen bescheidenen Verkauf von 1400 Exemplaren. In Scotts

Kontobuchauszug für das gleiche Jahr erscheint Zeldas Buch mit 120 Dollar.

Die Einnahmen der Fitzgeralds in diesem und in den folgenden Jahren sinken im Schnitt auf 16 000 Dollar. 1937 wird ein Tiefpunkt von rund 10 000 Dollar erreicht. Die Summen enthalten hauptsächlich Honorare für Stories, nur geringe Tantiemen für die Romane und Erzählungsbände, meist in Form von verkauften Radiorechten oder Anteilen an Anthologien. Immer wieder muß Scott bei Scribner's Vorschuß nehmen auf den unfertigen Roman oder ihn und ebenso unfertige Stories bei Harold Ober «beleihen». Eines Tages wird diese freundschaftliche Quelle verstopft sein, aber die Belastungen – die besten Schulen für Scottie, Privatkliniken für Zelda, seine Hotelaufenthalte und Reisen – werden kaum geringer, auch wenn er die Ansprüche für sich selbst auf das äußerste zurückzuschneiden versucht. «Der Mammon reckt wieder sein gräßliches Haupt», scherzt er etwas mühsam in einem Bittbrief an Ober im Dezember 1935. Er habe sich zwar an Armut und seinen finanziellen Bankrott gewöhnt und genieße es sogar, seine Wäsche selbst zu waschen und für 20 Cents zu Mittag zu essen, aber für Weihnachten brauche er eben doch 150 Dollar.

Die Situation ist kläglich, beide leiden darunter, aber Harold Ober kann sich bei aller freundschaftlichen Teilnahme an der ganzen Familie Fitzgerald auf die Dauer nicht als unerschöpfliches Kreditinstitut zur Verfügung stellen. Es wird zum – zeitweiligen – Bruch mit Ober und auch Perkins und zu Spannungen mit den Murphys kommen. Für den, der unter äußerstem finanziellem Druck steht, wie Fitzgerald, ist es kaum zu begreifen, daß nicht jeder, der etwas Geld hat, ihm aufgrund seines Talents und seiner Aussichten hilft. Daß er unter diesem ständigen Druck und der Wirkung der, wie er hofft, inspirierenden Alkoholmengen überhaupt noch schreibt, ist eine heroische Leistung.

Aber er ist nicht mehr, wie er sich rühmt, der beste und

bestbezahlte Geschichtenschreiber der Welt. Auch die einst so ergiebige *Post* nimmt nicht mehr alles, was er ihr schickt, und zahlt nur noch etwa ein Zehntel seiner einstigen Honorare.

Der wiederholte Wohnungswechsel kommt unruhestiftend hinzu. Das in der Nähe von Baltimore gefundene Haus mit dem hoffnungsvollen Namen «La Paix» hält nicht oder nur kurz, was es zu versprechen scheint. Schon während Zeldas Klinikaufenthalt mehren sich die Streitereien. Immer wieder versucht sie, ihm klarzumachen, daß sie nicht gegen *ihn* sei, sondern gegen seine angemaßte und, wie sie findet, falsche Rolle ihr gegenüber: Er sei nicht ihr Arzt, habe nicht zu kontrollieren, was sie tue. Diese Forderung aber stellt Fitzgerald: Er will alles wissen, alles sehen, was sie schreibt, und entscheiden, was damit geschieht.

Ihr zweiter Zusammenbruch, die Erkenntnis ihrer Verletzlichkeit und ihrer nervlichen Labilität, haben Zelda mehr erschreckt, als sie zeigen mag. Sie versucht sich abzuschirmen. Warum ermutigen die behandelnden Psychiater sie nicht weiterzuschreiben? Anscheinend hat doch die Bucharbeit bei aller Anstrengung zugleich lockernd und stabilisierend auf sie gewirkt. Offenbar stehen sie stärker unter dem Eindruck von Scotts oft plausibel wirkenden Mitteilungen zur Patientin, als ihr guttut. (Bis auf Dr. Mildred Squires, übrigens der einzigen Frau unter Zeldas Ärzten. Sie hat ja auch den Versand des Romanmanuskripts an Perkins ermöglicht, was ihr empörte Vorhaltungen Fitzgeralds eingetragen hat.) Zwar empfiehlt auch Scott Zelda, die Schreibarbeit ernst zu nehmen, zugleich aber möchte er sie verhindern.

Immerhin versucht der leitende Psychiater der Phipps-Klinik, Dr. Adolf Meyer, Fitzgerald in die Therapie einzubeziehen, um seinem Alkoholismus auf den Grund zu kommen. Scott lehnt mit Entschiedenheit ab: Er fürchtet, mit einer zu genauen Kenntnis seiner selbst könnte seine Kreativität ganz dahinschwinden. (Was er schon in Prangins zu Forel geäußert hat.) Meyer – auch von Kollegen als nicht sehr beweglich und etwas zu «germanic» beschrieben – ist nicht der Typ Arzt, dem Zelda sich öffnet. Einem jüngeren, auch äußerlich «ansprechenden» Psychiater, Dr. Thomas Rennie, in Phipps gelingt das besser. Er bringt einen «Lokaltermin» in «La Paix» zustande, ein Gespräch zwischen Zelda und Scott, das ein Stenograph aufzeichnet. Es enthält in großer Verdichtung und mit allen Reizbarkeiten und Verzerrungen die ganze Problematik ihrer Beziehung. Scott kämpft darin mit harten Bandagen um seinen literarischen Ruhm, Zelda mit erstaunlicher Gelassenheit um ein eigenes, von ihm unabhängiges Leben. Einsicht wechselt mit heftigen Emotionen. «Du bist eine drittklassige Schriftstellerin und eine drittklassige Ballettänzerin», wirft er ihr an den Kopf, «verglichen mit mir – na ja, da gibt es keinen Vergleich … Ich bin ein professioneller Schriftsteller mit einer riesigen Leserschaft. Ich bin der höchstbezahlte Storyschreiber der ganzen Welt.»

Zeldas Antwort: «Ich finde deinen Angriff gegen einen drittklassigen Schriftsteller ziemlich heftig … Wenn ich von irgend jemand so dächte wie du, würde es mich nicht kümmern, was der schreibt.» Dann kommt die unvermeidliche Anklage über *sein* – von ihr angeblich mißbrauchtes – «Material». Sie verhalte sich wie ein nichtsnutziger kleiner Bengel, der einem großen Künstler etwas auf die bemalte Leinwand kritzelt. Auf Zeldas Frage: «Also, wie wünschst du, daß ich sein soll?» antwortet er unverblümt: «Ich will, daß du tust, was ich will. Genau das – und du weißt es … Alles, was wir gemeinsam gemacht haben, war *meine* Sache … *ich* bin der professionelle Schriftsteller, und ich sorge für dich. Das ist alles mein Material, nichts gehört dir …»

Sie sei der «Feind in der Familie», der hinterrücks Verrat an ihm übe, ereifert er sich. *Er* versuche menschlich-gesellig zu sein, *sie* ihre Individualität durchzusetzen. Es gäbe keine sexuelle Beziehung mehr zwischen ihnen, und sie sei doch einmal so gut gewesen. Zelda: «Ich bin froh, daß du sie mal befriedigend gefunden hast.» Und dann der entscheidende Satz: «Ich will, daß du aufhörst, Prosa zu schreiben. Ob du schreibst oder nicht, ist ohnehin von keiner großen Bedeutung.» Zelda: «Ich weiß, nichts, was ich tue, scheint von großer Bedeutung zu sein.» Zeldas dringender Wunsch ist: irgendwo zu leben, wo sie sie selbst sein kann. Scotts ultimatives Wort heißt: «Bedingungslose Kapitulation.» Sie dürfe über nichts schreiben, was an der Riviera spielt oder in der Schweiz, und, was immer es sei, sie müsse es ihm vorlegen.

Zelda kann die Unterwerfung nicht akzeptieren, ist aber bereit zu einem «Waffenstillstand» bis zum Erscheinen seines Romans.

Die Äußerungen lesen sich wie bühnenreife Dialoge eines verquält-spannungsvollen Ehedramas: Es stellt sich als verzweifelt böser Kreislauf dar, aus dem die Protagonisten nicht herausfinden. Nur ist dieses «Stück» Realität, und die Spannung wird von zwei real existierenden Personen mit dem Leben bezahlt.

Im April 1934 erscheint «Tender is the Night» – nach dem Vorabdruck in *Scribner's Magazine* – endlich als Buch. Es kostet 2,50 Dollar, und der Verlag verkauft auf Anhieb 7600 Exemplare. Zwei Nachdrucke – zusammen annähernd die gleiche Anzahl – folgen im nächsten Jahr rasch aufeinander. In der Bestsellerliste der allgemeinen Verlagsnachrichten (*Publishers' Weekly*) figuriert Fitzgeralds Roman auf dem zehnten Platz. Weder der inzwischen entstandene «Book of the Month Club» noch die «Literary Guild» nehmen besondere Notiz von der Neuerscheinung.

Es ist kein strahlender Erfolg, wie ihn Scott wohl trotz pessimistischer Vorgefühle erhofft hat, aber es ist auch kein niederschmetternder Mißerfolg. Die kritische Resonanz mag von der anhaltenden wirtschaftlichen Depression beeinflußt gewesen sein: der Roman beschäftigt sich mit einem heiklen Thema: Wahnsinn durch Inzest. Er reflektiert also Hochpersönliches und scheinbar Abseitiges, er bewegt sich unter den

Schönen und den Reichen im Ausland (wie gehabt), unter den Sorglosen und Lasterhaften, so könnte es der bedrängte «kleine Mann» sehen, und er zeigt kein «soziales Engagement», das doch immer stärker gefragt ist. Er setzt auf das Interesse an bemerkenswerten Figuren und menschlichen Schicksalen und an literarischer Qualität. Und ganz gewiß gibt es auch jetzt noch Leser genug, die solche Qualitäten schätzen. (Unter den Erfolgsbüchern dieses Jahres spielt keines in einem proletarischen Milieu.)

Aber Scott Fitzgerald ist nicht mehr das Sprachrohr, die Vorbild- und Kultfigur, noch gar der «Erfinder» des gegenwärtigen Zeitabschnitts, so wenig wie Zelda noch das faszinierende Modell für die «neue Frau» sein kann – und will. Die Mitte der dreißiger Jahre zeigt die Welt in wachsenden politischen Spannungen: Hitler hat 1933 in Deutschland die Macht ergriffen und den schon ein gutes Jahrzehnt bestehenden italienischen Faschismus in seinen Tendenzen verstärkt und übertroffen. Die Konfrontation des faschistischen Nationalismus mit dem kommunistischen Internationalismus wird härter. Die Intellektuellen sammeln sich auf der linken Seite des politischen Spektrums. Es sind nur noch drei Jahre bis zum Spanischen Bürgerkrieg, an dem sich die Geister scheiden werden, nur noch fünf Jahre bis zum nächsten Desaster des Zweiten Weltkriegs. Man kann sich diese «Zwischenkriegszeit», besonders die frühen dreißiger Jahre, gar nicht spannungsgeladen genug vorstellen – auch wenn es noch unbehelligte Fluchtorte für die geistige Elite, für Literaten und Künstler zu geben scheint und das Durchschnittsbürgertum überall auf der Welt sich politisch träge und weithin ignorant zeigt.

Fitzgerald wird auch jetzt nicht zum Homo politicus, wie zunehmend seine alten Freunde. Aber er ist ein faszinierter und spekulativer Leser von Oswald Spenglers (1918 deutsch und 1926 englisch erschienenem) «Untergang des Abendlandes», den er in Zeitschriftenauszügen schon in den frühen zwanziger Jahren kennengelernt haben könnte. Und er, der in und von der Liberalität seiner Epoche gelebt hat, neigt, abgesehen von den weltkulturgeschichtlichen Visionen des deutschen Autors, auch zu dessen rigorosen Zukunftsprognosen. Die Ratlosigkeit wächst. Fitzgerald subsumiert – und sublimiert in seinem Schreiben und in seiner persönlichen Tragödie das Scheitern einer Utopie, der keine andere Epoche so willig erlegen ist wie das zweite Jahrzehnt des 20. Jahrhunderts: das Scheitern des amerikanischen Traums. «Geschichte ist nicht tragisch», sagt sein Biograph, der Literaturkritiker Arthur Mizener, «tragisch ist nur das Individuum.»

Dieser Blick für das Spezifische im Allgemeinen, das durch die einzelne Person überhaupt erst wahrnehmbar wird, ohne sie zur Symbolfigur, zum bloßen Ideenträger auszuhöhlen, und seine Fähigkeit, die Persönlichkeit eines Protagonisten aus vielen anderen zu gewinnen, befreit Fitzgerald mehr und mehr von der Konzentration auf sich selbst, von der faszinierten Spiegelung des eigenen Ichs.

Allerdings bestätigt ihm Sara Murphy im Mai 1934 noch einmal, er habe keine Ahnung von anderen Menschen, kenne nur sich selbst. (Worin sie mit Hemingway übereinstimmt). Er kenne auch Zelda und Scottie nicht wirklich. Dagegen versichert er ihr später in einem sehr freundschaftlichen Brief, sie trete in seinem Roman in immer neuen Facetten ihrer so vielgestaltigen Persönlichkeit auf, die er in mancher Hinsicht sogar besser zu kennen glaubt als Gerald.

Die Reaktion von Freunden und Kritikern auf «Tender is the Night» ist geteilt. Einige Rezensenten der großen New Yorker Zeitungen und Literatur-Revuen finden die Hauptfigur Dick Diver nicht überzeugend, seinen Zusammenbruch und Niedergang für den Leser schwer begreiflich. Aber die akklamierenden oder auch detailliert lobenden Kritiken sind in der Überzahl. Der Kritiker Gilbert Seldes, der schon in «The Great Gatsby» eine ganz neue Qualität seines

Schreibens erkannt hatte, versichert Fitzgerald jetzt, fast ein Jahrzehnt danach, was diesem so wichtig ist: mit diesem Roman habe er wieder den ihm zustehenden Platz unter den ersten amerikanischen Schriftstellern der Gegenwart eingenommen.

Wichtig ist ihm auch eine Besprechung im wissenschaftlichen *Journal of Nervous and Mental Diseases*, die das Buch allen empfiehlt, die sich «mit dem psycho-biologischen Quellen menschlichen Verhaltens» beschäftigen. Immer wieder zeigt er bei aller verzweifelten Ungeduld im Umgang mit Zeldas Leiden, die er als persönliche «Störung» erfährt, diese Ahnung von den eigentlichen Vorgängen hinter der Evidenz der Tatsachen: hier für die vertrackten Grenzüberschreitungen des menschlichen Bewußtseins und alles, was diese provozieren kann. Diese divinatorische Fähigkeit läßt ihn zum präzisen Ausdeuter seiner Lebenszeit werden und nicht zum bloßen Chronisten. Das Verständnis endet vor der eigenen Betroffenheit. Die «Gespaltenheit» seines Ichs steht der Zeldas kaum nach.

Man hat diesen fünften und letzten zu Ende geführten Roman Fitzgeralds psychologisch, philosophisch oder auch «psychiatrisch» genannt. Er ist dies alles, vor allem aber ist er tragisch.

Er handelt von dem hochbegabten jungen Psychiater Dick Diver aus Amerika, der während des Krieges seine Arbeit in Zürich weiterführen kann. Dort begegnet er der durch einen frühen Inzest psychisch geschädigten, blutjungen, bildschönen und unermeßlich reichen Nicole Warren, auch sie eine Amerikanerin, die in einem Nobelsanatorium in der Schweiz therapiert und dort – eher zufällig – seine Patientin wird. In einer Mischung aus durchschauendem Mitgefühl und unmittelbarer Faszination durch ihre Schönheit verliebt er sich in sie, heiratet sie und zerstört mit dieser Bindung schrittweise seine Karriere und seine persönliche Integrität.

Die «Vorlage» ist erkennbar (auch wenn Zeldas psychischen Störungen kein verborgener Inzest zugrunde liegt). Fitzgerald hätte dennoch nicht so angstvoll und so rücksichtslos gegen Zelda über «sein Material» zu wachen brauchen. Es ist sein ganz persönlicher Umgang damit, was seinem Roman die spezifische Qualität gibt. Kaum vorstellbar, daß Zeldas neuer Romanplan («Cesars Things», etwa «Was des Kaisers ist ...») in Ansatz und Ausführung für Scott nachteilige Ähnlichkeiten mit seinem Roman gehabt hätte. Sie wird ihn nie zu Ende schreiben.

Im Januar 1934, noch vor dem Erscheinen von «Tender is the Night», bricht Zelda erneut zusammen und wird in die Sheppard-Pratt-Klinik außerhalb von Baltimore gebracht, wechselt dann kurz in ein kostspieliges Privatsanatorium über und kehrt im Mai wieder ins Hospital zurück. Ihr Zustand hat sich verschlimmert, so lautet der knappe Befund. Was ist darunter zu verstehen? Während ihres Aufenthalts in der Klinik unternimmt Zelda mehrere Suizidversuche. Die Grenze des Erträglichen scheint erreicht. Die Spannungen zwischen ihr und Scott haben sich nicht gelöst. Auch die Veröffentlichung ihrer Bücher und die Reaktion darauf trägt nicht dazu bei, im Gegenteil, sie verstärkt das Konkurrenzgefühl, zumindest bei Scott. Dabei versucht Zelda immer wieder, ihm in Briefen mitzuteilen, daß sie sein Buch schätzt, und ihn über die «dummen» Rezensionen zu trösten. «Das Buch ist großartig», schreibt sie und begründet es: «Die hohe Emotionalität, die von einer schönen poetischen Prosa getragen wird, und die Figuren, die Kräften unterworfen sind, die stärker sind als das, was sie von ihrem eigenen Leben wissen – das alles ist sehr bewegend.» Aber Scotts Verhalten bleibt quälend, er spart nicht mit kleinen Gemeinheiten, die meist auf ihre schwindende Jugend und Schönheit zielen. Er verübelt ihr die Zerstörung ihres gemeinsamen Traums. «Mit seinem Schmerz über ihren Wahnsinn verbindet sich die Trauer über den Verlust des eigenen Glücks.»

Scott Fitzgerald mit der Tochter Frances «Scottie», für die er sich mit wachsender Distanz zu seiner Frau Zelda immer mehr verantwortlich fühlte und alles tat, um ihr das Schicksal ihrer Eltern zu ersparen.

Bruccoli, sein Biograph, sieht es klar: Mitleid und Selbstmitleid liegen bei ihm nah beieinander.

In der gleichen Zeit wechseln die beiden Briefe von glaubhafter Zuneigung und im Ton vertrauter Nähe. Scott legt großen Wert darauf, daß sie sein Buch noch einmal liest, warnt sie aber zugleich vor dessen Melancholie: es stelle bestimmte Lebensphasen dar, die jetzt vorüber seien. «Es geht ganz gewiß aufwärts mit uns, auch wenn wir nicht wissen wohin . . .»

«Wir waren glücklich, nicht nur einmal – tausendmal», schreibt er in einem maschinengeschriebenen Brief. Das könnte noch darauf angelegt sein, sie zu beruhigen und aufzuheitern, aber dann folgt ein sehr merkwürdiges Bild: Er könne fast alles, was heute Literatur heiße, wie eine Flüssigkeit in seiner hohlen Hand sammeln: «Und wenn ich das tue, sehe ich einen Schwan darüber gleiten, und ich erkenne, daß Du es bist und nur Du. Aber, Schwan, gleite leicht dahin, eben weil Du ein Schwan bist und weil Dir die Götter in der unvergleichlichen Biegung Deines Halses eine besondere Gunst erteilt haben, und auch wenn Du ihn Dir an irgendeiner von Menschen gebauten Brücke gebrochen hast, er ist wieder geheilt und Du bist weitergeglitten . . . Vergiß die Vergangenheit, soweit Du kannst, kehr um und schwimm zu mir, Deinem Hafen für alle Zeiten . . .» Und er fügt hinzu: «Das klingt allegorisch, ist aber *sehr* wirklich.» Und unterschreibt: «Ich liebe Dich, mein Liebstes, Liebstes.»

Neben einigen überschwenglichen Liebesbriefen Zeldas an ihn aus diesen Jahren gibt es solche von klarer Überlegtheit, ja gelassener Überlegenheit. «Lieber: Ich versuche nicht, mich zu einer großen Künstlerin aufzuspielen oder zu sonst was Großem. Auch wenn Du darauf beharrst, daß ein übertriebener Ehrgeiz die eigentliche Ursache meines Zusammenbruchs war, kann ich Dir und Dr. Forel darin nicht zustimmen, weil ich inzwischen weiß, was mich zum Arbeiten motiviert.» Und sie bittet ihn, ihr klar zu sagen, was *er* sich wünsche, sie sei bereit, alles, was sie jetzt gern tut, aufzugeben, wenn es die Dinge – welche auch immer – vorwärtsbringe. «Ich bin nicht hartnäckig und lebe nicht gern ausschließlich auf Kosten und in ständiger Fürsorge anderer, so wenig wie Du das für mich möchtest ...» Sie ist auch bereit, auf die geplante Ausstellung ihrer Bilder in New York zu verzichten, wenn der Zeitpunkt jetzt ungünstig ist. (Sie hat wieder gemalt, da die Ärzte – und Scott – es für richtig hielten, das Schreiben einzuschränken, diese Beschäftigung aber zuließen.) Sie ist überzeugt, ihre Bilder «hätten Zeit». Die Ausstellung kommt – auch mit Scotts Hilfe – zustande, sie findet nicht nur unter Freunden eine interessierte Resonanz, es gibt einige Verkäufe.

Was sich dem teilnehmenden Beobachter zu diesem Zeitpunkt darbietet, ist kein eindeutiges Bild: weder was den Verlauf von Zeldas Krankheit noch was den Stand ihrer Beziehung zu Scott, von Scott zu ihr angeht. Es ist ein Konglomerat von Hoffnungen und Widersprüchen: ein anhaltendes «Unentschieden» in einem offenbar endlosen Paar-Kampf.

Das letzte Feuer

Manchmal sieht es wirklich so aus, als ob «die Welle sie nach oben trüge», wie Scott geschrieben hat. Aber die Verhältnisse sind nicht so. Die Einnahmen aus «Tender is the Night» reichen nicht aus, um Fitzgeralds enorme Schulden zu tilgen. Zwar läßt er wie immer eilig einen diesmal besonders umfangreichen Band mit Stories («Taps at Reveille») folgen, aber der Preis von 2,50 Dollar ist den Lesern dafür augenscheinlich zu hoch. Er verkauft sich nicht nach Wunsch, obgleich die Sammlung aus verschiedenen Jahren auch so große Erzählungen wie «Babylon Revisited» enthält. Scott Fitzgerald greift wieder auf das bislang bewährte Mittel zurück: Er schreibt Stories für Zeitschriften für rasches und, wie er hofft, viel Geld. Aber sie werden ihm nicht mehr aus den Händen gerissen. Sein Umgang mit einigen Auftraggebern veranlaßt Harold Ober zu einer ziemlich harten Verwarnung: er riskiere, damit und neuerdings auch mit seiner Unzuverlässigkeit, sein einstiges Renommee endgültig zu verlieren. Scribner's will auf weitere Buchversprechen hin keinen Vorschuß mehr einräumen. Aber Maxwell Perkins, der Freund, hilft ihm noch einmal mit 2000 Dollar über die nächste Runde – ein Tropfen auf den heißen Stein von rund 40 000 Dollar minus. Das Loch ist nicht zu stopfen, auch wenn Zelda zunehmend für die prekäre Lage Verständnis zeigt und weniger kostspielige Kliniken und Sanatorien vorschlägt. Scotts eigene Gesundheit ist angegriffen. Immer wieder ist die Rede von einer nicht ausgeheilten Tuberkulose. Er geht des Klimas wegen nach Tryon, einem Luftkurort in North Carolina. Neue Röntgenbilder zeigen einen verschlechterten Zustand, besonders der linken Lunge. Trotz seiner Geldnot bezieht er danach das teure Grove Park Inn in Ashville, wo er weiter behandelt wird, auch wegen seines Alkoholismus. Der Aufenthalt dort trägt ihm die intensive Freundschaft von Laura Guthrie Hearnes ein, die als Handleserin im Hotel arbeitet, ehe sie seine Mitarbeiterin, seine Vertraute und eine aufmerksame Beobachterin seines Lebens wird. Es ist keine Bettaffäre, wie die gleichzeitige Beziehung zu Beatrice Dance, einer verheirateten jungen Frau, einer Liaison, die enger und passionierter wird, als Scott lieb ist. Um sich von Beatrice zu lösen, spricht er häufig von Zelda, seiner «Invalidin», die er nicht aufgeben könne. Als letztes, nicht eben nobles Mittel legt er seinem Absagebrief an sie einen rückhaltlos liebevollen von Zelda bei, noch aus der Sheppard-Pratt-Klinik in Baltimore, wo es ihr zunehmend schlechter geht. Das tut seine Wirkung, aber sie korrespondieren weiter, auch Scott durchaus engagiert.

Hier in Ashville begegnet er auch eines Nachts aus dringendem Anlaß – er sucht eine Herrentoilette – einem jungen Buchhändler, Gelegenheitsjournalisten und angehenden Autor. Tony Butitta wird vierzig Jahre später diese erste Begegnung mit Fitzgerald schildern. In «After the Good Gay Years» ruft er den Sommer 1935 und seine freundschaftliche Beziehung zum großen Autor in Erinnerung. Scott war ihm von Bildern bekannt – aber entgegen dem ersten nächtlichen Eindruck von seiner nach wie vor jugendlichen Silhouette erscheint er ihm in vollem Tageslicht grau und verdüstert, verunsichert und resigniert und irgendwie «démodé». Fitzgeralds Tuberkulose wird hier übrigens als «Legende» denunziert. Das Herz sei geschädigt gewesen. Immerhin habe Scott sein mutmaßliches Ende fast mit einer gewissen Erleichterung hingenommen: Es wäre auch das Ende aller Sorgen und Wirrnisse, Verantwortung und Geldnöte gewesen. Aber er hatte noch eine Frist.

Mit noch nicht neununddreißig Jahren ist Scott Fitzgerald ein müder, kranker, ausgelaugter Mann. Das Storyschreiben wird zum unerträglichen Zwang. Er ringt sich die Arbeit ab, seine leichte Hand ist dahin. Die Sachen werden thematisch gewollter oder zufälliger, auch unzeitgemäß, und sie sind zu hastig geschrieben. Zum ersten Mal gibt es Klagen wegen stilistischer Unzulänglichkeiten, auch wenn Dorothy Parker ihm nachsagt, er könne zwar schlechte Sachen schreiben, aber sie seien nie schlecht geschrieben. Immerhin kann er in diesem Jahr noch sieben Stories an ganz renommierte Magazine wie *McCall*, *Esquire* und *Liberty* verkaufen. Aber einige seiner früher begeisterten Abnehmer weisen ihn ab. Harold Ober vermittelt ihm Radiosendungen im Rahmen des *World Peaceways Program*. Er selbst versucht es ohne Glück mit Serien für den Hörfunk. Überallhin steckt er widerwillig seine Fühler aus, immer bemüht, sein «Image» zu wahren, vor allem wegen Scottie, die häufig in seiner Nähe ist.

Aber er merkt, daß er eine Grenze erreicht oder sie vielleicht schon überschritten hat. Die alte Routine trägt nicht mehr. Der Riß in der jahrelang aufrechterhaltenen Illusion von seiner unerschöpflichen Kreativität ist unübersehbar geworden. Sein Überdruß an Menschen jeglicher Art (und an sich selbst) läßt sich nur noch selten bei einem Glas oder vielen Gläsern Bier und endlosen Monologen überwinden. Nüchtern kann er noch immer ein aufmerksamer Zuhörer sein. Scott, der Menschensüchtige und Menschen so leicht Gewinnende, ist auf dem Weg zum Misanthropen.

Ist es die männliche «midlife crisis», in die er – verfrüht – gerät? Ist es ein Wendepunkt anderer Art – sein Damaskus? Oder eine Erfahrung wie die des Lord Chandos, dem (in dem fiktiven Brief von Hofmannsthal) der Sinn alles Gesagten, die Bedeutung der Wörter abhanden kommt?

Im Winter dieses Jahres flieht Scott Fitzgerald aus Baltimore nach Hendersonville, einem Nest in North Carolina, in ein billiges Hotel, wo er seine Ausgaben auf ein Minimum reduziert, immer noch beeindruckend und Gentleman genug, um den Mann an der Rezeption über seine wahren Verhältnisse zu täuschen, wie er Freunden nicht ohne Genugtuung mitteilt.

Hier will er zur Besinnung kommen. Es entsteht eine Folge von Essays für den *Esquire*, als erster «The Crack-Up». Darin beschreibt er sich als Schriftsteller, der nicht mehr schreiben kann, der seine Vitalität verloren hat – «von allen natürlichen Kräften, die am wenigsten auf andere übertragbare» –, nicht durch einen der großen Donnerschläge des Lebens, sondern in einem inneren, selbst mitverschuldeten Zerstörungsprozeß, der ihn weit von seiner jugendlich-arroganten Behauptung entfernt hat, das Leben sei beherrschbar, wenn man irgend etwas tauge. Seine Gefühle haben jede Unmittelbarkeit verloren, scheinen ihm nur noch vorgetäuscht, sein Widerwille gegen alle und alles wächst ins Ungemessene. «Ziemlich unmenschlich und kümmerlich, nicht wahr? Nun, Freunde, dies sind unverkennbare Anzeichen für einen Knacks.»

Er schildert sein Scheitern und den erreichten Zustand, wie er selbstironisch feststellt, hervorragend. Es verschlägt ihm die Sprache nicht. Der Essay hält sich zwischen dem Autobiographischen und der objektivierenden Erinnerung, die sich Perkins für eine – nie zustande kommende – Sammlung persönlicher Prosastücke von Scott wünscht. Dieses Stück ist ohne Zweifel ein De profundis, das er aber, wie immer, rasch, vielleicht zu rasch, publik macht. Es verschreckt seine Freunde und wirkt auf sein öffentliches Bild als Schriftsteller eher schädlich. Hemingway verübelt ihm, wie könnte es anders sein, das öffentliche «Geflenne», und auch Dos Passos' Reaktion ist eher befremdet. «Jesses, Mann», schreibt er ihm, «woher nimmst Du die Zeit mitten in diesem allgemeinen Niedergang, Dich mit solchem Zeug zu befassen?»

Der Verlauf der Weltereignisse erscheine ihm selbst meist

so beängstigend, daß er völlig gelähmt sei. «Wir leben in einem verdammt tragischen Augenblick der Geschichte.»

Im zweiten Stück für den *Esquire*, «Handle with Care», gibt Fitzgerald «auf allgemeinen Wunsch» noch nähere Auskunft über sich: über die Krankheit, die sein Studium unterbrochen, ihn um eine Position im Theaterclub gebracht und auch sonst zurückgeworfen hat, über seinen Entschluß, nach den mißlichen Erfahrungen im College schreiben zu lernen, über die – wiederholte – Erfahrung mit begehrenswerten Mädchen, die ihn ablehnen, weil er zu arm ist, über seinen so erworbenen Haß auf die «geborenen» Reichen, den auch sein früher Erfolg und das schnelle Geld nicht auslöschen können. Noch einmal also nimmt er den Zerfall seiner Persönlichkeit unter die Lupe und blickt dabei nicht ohne Wehmut zurück auf das, was diese Auflösung bewirkt hat.

Verblüffend häufig, und schon in jungen Jahren, versucht Fitzgerald eine Erklärung für sich selbst im Rückblick zu finden und damit die Kontrolle über sein Leben und eine gewisse Garantie für die Zukunft zu gewinnen. Und von Mal zu Mal verschieben sich die Akzente im Mitgeteilten ein wenig. Bei aller Schonungslosigkeit gegen sich webt er – er kann nicht anders – an seiner Legende: der Legende vom genialen, durch frühes Mißgeschick und auch durch eigene Fehler be-, wenn nicht verhinderten Schriftsteller. Er will die nackte Wahrheit sagen, «nichts als die Wahrheit», nämlich daß er vor allem durch eigene Torheit am Ende ist, aber diese brillant gesagte Wahrheit ist Teil der Legende, und die Legende wiederum ist zum Teil wahr.

Gilt die Übereinstimmung von Fitzgeralds Selbstgefühl mit dem historischen Augenblick noch, die seine Stärke war, oder beschreibt er nur noch privates Unglück?

Er selbst sieht sich, wenn auch nicht mehr mit der Faszination jugendlicher Egozentrik, nach wie vor als Paradigma: jetzt als den «letzten Romanschriftsteller», der sich am neuen Medium Film, genauer Tonfilm, messen muß und dabei den kürzeren zieht. «Bereits 1930 hatte ich eine Ahnung, daß der Tonfilm sogar den Autor eines Bestsellerromans so archaisch machen würde wie den Stummfilm», schreibt er 1936 und erkennt, daß der Roman, einst «das stärkste und geschmeidigste Mittel, um die Gedanken und Gefühle eines Menschen auf einen anderen zu übertragen, sich einer verallgemeinernden und mechanistischen Kunst unterzuordnen begann, die, ob nun in den Händen von Hollywood-Produzenten oder in denen russischer Idealisten, nur die trivialsten Gedanken und oberflächlichsten Gefühle zu vermitteln imstande war. Es war eine Kunst, in der die Worte den Bildern untergeordnet waren, wo die Persönlichkeit unweigerlich auf den niedrigeren Stand der Kollaboration herabgedrückt wurde.»

Und diese Erfahrung macht er ganz unmittelbar, als er ein Jahr später durch die Vermittlung eines alten, inzwischen in der Filmbranche hoch erfolgreichen Freundes als Drehbuchautor nach Hollywood geht. Das nicht eben großartige Angebot von tausend Dollar die Woche ist die vorläufige Rettung aus seiner Finanzmisere. Hollywood als letzter Versuch.

Der große Irving Thalberg, der ihn fasziniert und bei dem er sich während seines vorigen Hollywood-Aufenthalts (1931) unmöglich gemacht hat, ist tot. Die Arbeitsbedingungen und die Gepflogenheiten in den Studios und Autorenbüros sind während der Depression noch härter geworden. Aber gerade unter dem Druck der allgemeinen Verhältnisse wollen die Menschen ihre persönliche Misere in käuflichen Träumen vom heilen, heiteren oder glanzvollen Leben vergessen. Die Traumfabrik in Hollywood läuft auf Hochtouren. Es darf nichts produziert werden, was an die oft miese Realität des durchschnittlichen Kinobesuchers erinnert, nichts, was seinen – vorausgesetzten – «Anstand» verletzen könnte. Das Happy-End nach einigen absehbaren Fährnissen und vielen unanstößigen Liebesszenen ist Bedingung. Und das Scott Fitzgerald, dem tragischen Erzähler!

Er ist kein geübter Dialogschreiber, und Dialoge, «so wie jedermann redet», sind das Wichtigste im Tonfilm – neben den Stars natürlich. Er hat nicht den Zugriff des Dramatikers auf einen Stoff. Auch sein eigenes Bühnenstück war ja trotz allem Theaterdrang kein Erfolg. Er braucht einen Koautor, der über alle ihm fehlenden Fähigkeiten verfügt. (Um ein dem Produzenten möglichst genehmes Ergebnis für das Drehbuch zu erzielen, arbeiten oft mehrere solcher Autorenteams nebeneinander am gleichen Projekt – ohne es zu wissen.)

Die Spannungen sind programmiert. Es wird ihm nicht gelingen, im Sinne der allmächtigen Produzenten ein brauchbares Drehbuch zu verfertigen. Er muß es als namhafter Autor hinnehmen, daß bei der Verfilmung von «Gone With the Wind» die Dialoge des Romans nicht verändert werden dürfen – auch wenn die Verfasserin Margaret Mitchell ihn einst als großen Schriftsteller hoch geschätzt hatte.

Es sind die letzten drei Jahre seines Lebens bis zu seinem Tod in Hollywood. Er teilt diese Zeit mit einer jungen englischen Filmkolumnistin, die in ihren Berichten natürlich auch den Klatsch zu besorgen hat. Sheilah Graham, wie sie sich nennt, erinnert ihn anfangs verblüffend an die junge Zelda, und das zieht ihn an. Aber sie ist anders, realer, lebenserfahrener und -tüchtiger. Eine attraktive Aufsteigerin mit einer nicht ganz durchsichtigen Vergangenheit, die sie ihm schließlich anvertraut und die er ihr gelegentlich in kränkender Weise vorhält. Er bemüht sich zwar, mit ungezählten Dosen Coca-Cola am Tag «trocken» zu bleiben. Wenn er aber anfallsweise trinkt, ist die Wirkung katastrophal; dann schlägt sein hochmütiger Puritanismus durch, und sie sinkt mit ihren Männererfahrungen für ihn zur Prostituierten herab.

Sie hat es nicht leicht, sich in dieser Kulissen- und Talmiwelt Hollywoods als Mensch zu behaupten. Sie weiß zunächst nicht, wer er ist, und hat nie etwas von ihm gelesen.

Im Laufe ihres Zusammenseins respektiert und bewundert sie ihn immer mehr, hilft ihm und hält ihn, liebt ihn und lernt ihn aus der Nähe kennen, wenn auch vielleicht nicht «The Real Scott Fitzgerald», den wirklichen Scott Fitzgerald, wie der Titel eines ihrer Bücher behauptet.

Wer ist der «wirkliche» Fitzgerald? Die Versuche, ihm auf die Spur zu kommen, auch seine eigenen, führen immer wieder zu dem Grundzwiespalt in seiner Person, aus dem er lebt und schreibt und der ihn aufzehrt. Es ist der Zwiespalt zwischen seiner Egomanie und seiner immensen Aufmerksamkeit für die Symptome der Zeit.

Sein Idealismus hat sich abgetragen, das bekunden seine selbstkritischen späten Essays. Aber als Individualist ist er so «unheilbar» wie als Alkoholiker. Und ein Individualist ist ein Störfaktor in einer Maschinerie, die auf die leicht verkaufbare Glätte des Produkts eingestellt ist. Fitzgeralds Verhältnis zu dem sich rasch wandelnden Medium Film bleibt zweispältig. Seine Möglichkeiten interessieren ihn brennend. Als Erzähler macht er sich einige seiner Techniken – raffende Schnitte, bildhaft komprimierte Vorgänge – zu eigen. Und umgekehrt ist die Attraktion dessen, was er schreibt, für die Filmemacher unverkennbar. Die Mehrzahl seiner Romane und die herausragende Erzählung «Babylon Revisited» wurden nach seinem Tod verfilmt, so auch «The Last Tycoon» (1976) von dem bedeutenden Regisseur Elias Kazan.

Der insgeheim erhoffte große Coup, die «pictures», das widerspenstige Medium aus Bild und Ton, als Wortautor zu bezwingen, gelingt ihm nicht. Dafür gelingt dem zu Tode erschöpften kranken Fitzgerald etwas anderes, und zwar auf seinem eigenen Feld: als Schriftsteller. Trotz seines Mißerfolgs und seiner Isolierung im Hollywood-Milieu dringt er, schweigsam und scheinbar unbeteiligt, in die ihm fremde Szene ein, studiert und notiert sie, ihre Mechanismen und ihre Protagonisten anhaltend und genau: die anderen Drehbuchschreiber, die Regisseure, die Kameraleute, die Script-girls, die alles entscheidenden Direktoren und die immer verfügbaren Komparsen. Ihr ständiges Rollenspiel, ihren Konkurrenzneid und ihre Intrigen, ihre überzogenen Hoffnungen und wilden Ängste. Glanz und Armseligkeit, Macht und Ohnmacht. Er denkt an einen Roman. Im Frühjahr 1939 läuft sein Vertrag mit MGM aus. Um diese Zeit deutet er sein Vorhaben bei Perkins und Scribner's an, ängstlich darauf bedacht, daß seine Absicht, über Hollywood zu schreiben, nicht publik wird. Die Angst vor Plagiatoren ist berechtigt. Das Thema «Hollywood» ist aktuell. Bis zum September des Jahres bereitet er ein ausführliches Exposé für einen Vorabdruck in Fortsetzungen für das vielgelesene *Collier's Magazine* vor. Er soll die eigentliche Arbeit am Roman finanzieren. Er arbeitet einen umfassenden und zugleich detaillierten Plan aus. Und er notiert: «Ich hoffe, der Roman wird etwas völlig Neues sein, neue Gefühle hervorrufen, vielleicht sogar einen neuen Blick für gewisse Erscheinungen. Ich habe ihn fünf Jahre zurückdatiert, um einen größeren Abstand zu haben, aber jetzt, da wir Europa wieder um die Ohren haben, scheint es auch darum so am besten. Es ist eine Flucht in eine üppige romantische Vergangenheit, die wir vielleicht nicht noch einmal erleben werden. Ganz sicher wird es ein Roman sein, den ich gern lesen würde. Soll ich ihn schreiben?»

Er schreibt ihn. Es ist die Geschichte des begabten jüdischen Jungen aus der Bronx, der seinem Milieu ins gezielte Abenteuer entflieht, mit zwanzig in die Filmbranche eintritt und mit sechsundzwanzig die Traumfabrik in Hollywood leitet, neu organisiert und ihr Produkt verbessert. Es ist die Geschichte des Mächtigen mit der untrüglichen Phantasie, der jeden zwingt, das Beste zu leisten, sich selbst und andere ausbeutet, seine letzte große Liebe versäumt und mit sechsunddreißig erschöpft stirbt. Monroe Stahr, «The Last Tycoon», ist der letzte in Fitzgeralds langer Reihe inspirierter armer Jungen, und der Roman ist «seine reifste Meditation über den amerikanischen Traum», meint M. J. Bruccoli, und Edmund Wilson (der die späten Arbeiten Fitzgeralds nach dessen Tod herausgab und kommentierte) hält den «letzten Taikun» für die zentrale Figur in Fitzgeralds Werk, «die er am gründlichsten zu Ende gedacht und am tiefsten verstanden» habe.

Scott ist nicht mehr das Modell zu dieser Figur. Es ist ein anderer, ihm nahe verwandt, den er respektiert, bewundert und auch beneidet. Es sei einiges von Irving Thalberg in Monroe Stahr eingegangen, räumt er ein, aber er habe nie ein biographisch genaues Porträt beabsichtigt.

Der unvollendete Roman ist die wahre und wunderbare Geschichte Hollywoods, in all seiner Zweideutigkeit eine amerikanische Erfindung, und zugleich eine Hommage an eine sehr amerikanische Figur: den «selfmademan», den Schmied seines eigenen Glücks und Unglücks. So wie Fitzgerald in seinem Helden den Letzten seiner Art sieht, versteht er sich selbst als «letzten Romanschriftsteller für lange Zeit». Er ahnt die Veränderung, die der gerade begonnene Zweite Weltkrieg bewirken wird. Er stellt betroffen fest, wie kurz die Zeitspanne zwischen den Kriegen – seine eigene Lebenszeit – war. Mit noch nicht Mitte Vierzig fühlt er sich passé – nicht in dem, was er noch mitzuteilen hätte, aber als gesellschaftliches Wesen, als Zeitgenosse.

Die Vereinbarung mit *Collier's* kommt nicht zustande; auch sonst ist ohne einen größeren Textteil (der noch nicht vorliegt), kein Vorschuß zu erwarten. Perkins hilft noch einmal persönlich aus. Scott Fitzgerald ist wieder am gleichen, bis zum Überdruß bekannten Punkt: Er muß mit schnellen kleinen Arbeiten die große finanzieren, die Zeit braucht. Und die Zeit, das weiß er, ist knapp. Immerhin tröstet er seinen Lektor und sich selbst – damit, daß er jetzt eine bessere Methode habe, nach einer Unterbrechung wieder an den Roman anzuknüpfen.

Die Beziehung zur *Post* ist so gut wie erloschen. Der *Es-*

quire hingegen nimmt ihm alles ab. Fitzgerald schickt so viel, daß nicht alles unterzubringen ist, und er schlägt vor, einiges unter Pseudonym zu drucken. So kommt er einigermaßen über die Runden: Scotty kann mit Freundeshilfe und einem Stipendium weiterstudieren, Zelda könnte in der Highland-Klinik in Ashville bleiben, auch wenn Scott dort mit Zahlungen im Rückstand ist. Und sie sollte es jedenfalls nach Ansicht ihres Arztes Dr. Caroll.

Aber sie will es nicht. Nach viereinhalb Jahren geschützten Daseins glaubt sie, außerhalb der Klinik existieren zu können. Zwar darf sie gelegentlich schon jetzt allein in die Stadt gehen, um Einkäufe zu machen, und sie reist auch einmal ohne Begleitung nach Montgomery, aber sie fühlt sich aus dem realen Leben ausgeschlossen. Ihre Briefe – vor allem an Scott – klingen überlegt, und ihr Wunsch, ganz nach Montgomery zurückzukehren, erscheint gut begründet. «Ich habe, während ich mir eine Existenz aufbaue, ein Zuhause, wohin ich gehen kann, was ja nicht immer der Fall sein wird», schreibt sie ihm wohl auch im Hinblick auf das Alter der Mutter. Und: «Es ist gut, inzwischen unzensierte Post zu bekommen – ich glaube wirklich, daß ich erwachsen werde.» Ein wirksames Argument ist, daß ihre Entlassung Scott die hohen Klinikkosten ersparen würde. Immer wieder, wenn sie sich mit Wünschen oder gar Forderungen hervorwagt, beteuert sie, wie dankbar sie für alles ist, was für sie geschieht. Sie kritisiert Dr. Carolls Methode auf sehr Zeldasche Art, seine «herrschaftlichen, pittoresken und äußerst einschränkenden Praktiken», fügt aber rasch hinzu, sie sei ja schon «tief dankbar für die bloße Möglichkeit, wieder in die Welt zurückzukehren».

Zeldas Familie unterstützt ihren Wunsch hartnäckig, Scott solidarisiert sich zunächst mit Dr. Caroll, zumindest neigt er seiner Diagnose zu: Zeldas geistige Verfassung sei nicht unbedenklich, ihre Krankengeschichte zeige zyklische Rückfälle. Sie könnte unverantwortlich handeln, suizidale Anwandlungen seien nicht auszuschließen. Sie wäre womöglich nicht imstande, mit dem, was sie in Montgomery erwarte, fertig zu werden. Zwar sei sie zur Zeit sanft und vernünftig, aber ihre Fähigkeit, ein erwachsenes selbstbestimmtes Leben zu führen, sei ein für allemal reduziert.

Auf der Basis dieses Gutachtens wird nach längerem Hin und Her ein Kompromiß geschlossen: Zelda zieht ganz nach Montgomery und in das Haus ihrer Mutter, darf aber bei schlechten Vorzeichen oder auf eigenen Wunsch wieder ins Highland Hospital zurück.

Durch die Diagnose, die auch Mrs. Sayre zugeht, ist sie, ohne es zu wissen, nun wieder der mütterlichen Obhut ausgeliefert. Die «verlorene Tochter», das ungern aus ihrer Aufsicht entlassene «Baby» kehrt in das einlullende Milieu zurück, aus dem sie einst so unzulänglich ausgerüstet in die Welt – eine Traumwelt – ausbrach. Mrs. Sayre hat allem Anschein nach ihre Dominanz nicht mißbraucht. Mutter und Tochter haben sich ja immer verstanden und arrangieren sich. Es entsteht eine melancholische Idylle mit heiteren Akzenten. Zelda behält einige der ihr mitgegebenen Verhaltensregeln konsequent bei: sie geht ihre fünf Kilometer täglich spazieren, sie ist viel an frischer Luft, sie gärtnert. Sie tanzt ein wenig, sie malt, sie schreibt Briefe (aber sonst nicht mehr viel), sie hat Besuch, den die Mutter liebenswürdig bewirtet. Ein damals junger Mann, der ihren literarischen Rat sucht und in Gesprächen und Briefen erhält, Paul McLendon, vermutlich einer der wenigen noch lebenden Augenzeugen aus Zeldas letzten Jahren, ist heute noch beeindruckt von ihrer Urteilskraft und ihrer gelassenen Zuwendung. Ihre Briefe drücken beides aus, die Handschrift ist großräumig und sicher, niemand würde eine «Geisteskranke» als Schreiberin vermuten.

Die ersehnte Rückkehr in das normale Leben läßt sich dennoch schwieriger an als gedacht. Ihre Existenz ist auch hier äußerst eingeschränkt. (Die dreißig Dollar pro Woche, die Scott ihr schicken kann, reichen nicht weit.) Montgomery ist nicht «die Welt». Die nur noch wenigen alten Freunde bemühen sich anfangs um sie. Einige finden sie als Erscheinung und in ihren Äußerungen dann doch zu bizarr. Zelda ist ihnen und ihrem eigenen Herkommen entwachsen. Sie ist allein. Eine befremdliche Gestalt, unscheinbar gekleidet, gänzlich ungeschminkt («was sie nötig hätte»), so sieht sie Laura Guthrie Hearne, Scotts einstige Sekretärin und Vertraute in Baltimore, bei einem Besuch in Montgomery. «Sie hat einen brillanten Geist», stellt sie fest, als Zelda in einem größeren Kreis über ihr Lieblingsthema, den Tanz, spricht, und notiert die anmutigen Bewegungen ihrer Arme und Hände. Immer mehr scheint für Zelda der Tanz mit seiner harten Disziplin zum Symbol eines bewältigten Lebens, ja der überwundenen Erdenschwere zu werden.

Montgomery im südlichen Alabama und Hollywood an der Pazifikküste – die beiden Orte markieren nicht nur die größte physische Distanz zwischen Scott und Zelda Fitzgerald. Sie benennen auch den Unterschied ihrer Lebensumstände. Scott ist noch einmal im Aufschwung einer kreativen Arbeit, wenn auch unter mühsamsten Bedingungen. Er ist krank und er weiß es; seine Tuberkulose rührt sich wieder, sein Herz ist schwer mitgenommen. Zelda ist zwar keine offenkundige Patientin mehr, aber doch durch ihre Krankheit eingeengt. Nichts mehr hebt sie über die Ereignislosigkeit ihres täglichen Lebens hinaus. Auf Scott mit seinen vielen Kontakten fällt hier und da der wenn auch falsche Glamour Hollywoods, obgleich er sich dem Filmbetrieb entzieht, auf Zelda allenfalls der schwache Abglanz ihrer gloriosen vielversprechenden Jugend. Sie versucht, an anderen Leben teilzunehmen, an Scotties Entwicklung, an Scotts Arbeit. Die Briefe, die sie in diesen Jahren wechseln, deuten die jeweilige Existenz an.

Ein talentiertes Selbstporträt von Zelda, vermutlich aus den vierziger Jahren. Sie war Autodidaktin, in der Pariser Zeit mit der französischen Moderne bekannt geworden und vor allem von Picasso beeindruckt. Zweifellos sind ihre Bilder auch Zeichen ihrer psychischen Bedrängnisse. Ende der dreißiger Jahre kam eine Ausstellung zustande; einige Bilder hängen heute im Museum of Art in Montgomery.

Für beide aber ist die Gegenwart fragwürdig geworden, eine Zukunft kaum noch vorstellbar. Die Vergangenheit, vor allem das Jahrzehnt ihres gemeinsamen Aufbruchs, ist in der Erinnerung übermächtig. Einsicht in die frühen Täuschungen mischt sich mit der Sehnsucht nach den frühen Hoffnungen. Auch Monroe Stahr, der letzte Taikun, ist ja eine nostalgische Figur. Die zwanziger Jahre bleiben im Gedächtnis als ein verlorenes Paradies, das sie ja eigentlich nie betreten haben. Einmal standen sie, traumfixiert, «Diesseits vom Paradies», und plötzlich war es nicht mehr da.

In seinen Magazin-Geschichten sucht Scott Fitzgerald zwar den Anschluß an die jüngere, jüngste Generation und deren Lebensstimmung, aber er zweifelt mehr und mehr daran, daß es ihm gelingen kann. (Pat Hobby in den Hollywood-Geschichten, die der *Esquire* laufend druckt, ist ein nicht sehr erfolgreicher Drehbuchautor von neunundvierzig Jahren, in gewissem Sinne ein minderes Alter ego des Autors.)

Die Redakteure haben gewechselt. Intelligenz, Qualität des Schreibens, ein gewisser antibourgeoiser Radikalismus – Qualitäten, die sogar das Massenblatt *Saturday Evening Post* noch zuließ, ja honorierte – sind nicht mehr gefragt. Das schreibt er Zelda auf deren Vorschlag, doch wieder mit der *Post* zu arbeiten. Und mehr noch. Das Verhalten der Redakteure zeigt, «daß es keine Chance mehr gibt, eine Geschichte mit unglücklichem Ausgang zu verkaufen. (Und in den alten Tagen nahmen viele meiner Geschichten, wenn Du Dich erinnerst, ein schlechtes Ende).»

Scott schreibt Zelda einmal die Woche. Es sind Briefe an seine «Invalidin», gelegentlich mit einem fürsorglich-pädagogischen Akzent. Aber nicht weniger pädagogisch, um nicht zu sagen schulmeisterlich, sind seine Briefe an Scottie, der er alle Fehlschläge ihrer Eltern ersparen möchte. Und zum praktischen Pädagogen wird er schließlich auch für die Freundin Sheilah, deren Bildungslücken er in einem «College for one» auszufüllen versucht. Ein überraschender Zug an dem romantischen Egoisten und besessenen Schreiber, der sich zu seinem Lebensende verstärkt.

Dieser späte Briefwechsel ist allem Anschein nach jedoch mehr als fürsorgliche oder dankbare Pflichtübung. Er ist von Fall zu Fall ein Austausch zwischen erwachsen gewordenen schwierigen Partnern, die ein freundschaftlicher Respekt und ein begründetes Interesse verbinden. Es gibt Momente der Ungeduld und des Gekränktseins, aber das Wohlwollen überwiegt.

«All fire is spent.» Aber: Zelda hat akzeptiert, daß es keinen gemeinsamen neuen Anfang mehr geben wird, daß die sexuelle Beziehung endgültig erloschen ist. Sie weiß nichts Genaues über Sheilah, sie ahnt es, und es bleibt ein Hauch von Eifersucht auf die Heldin des neuen Romans, in der sie die neue Lebensgefährtin von Scott als Vorbild vermutet. In Wahrheit ist die Sache komplizierter. Denn die reale Sheilah hat Scott an Zelda, seine junge Schöne aus dem Süden, erinnert, und auch diese Erinnerung ist in den Roman eingegangen.

Die manchmal exaltierten Liebestöne, die vertrauten Kosenamen verschwinden mehr und mehr aus Zeldas letzten Briefen an Scott. Zuletzt ist es «dear Scott», und sie unterschreibt häufig «devotedly», ein schillerndes Wort, das «ergeben» bedeuten kann, aber auch «treu» oder «anhänglich». «In alter Anhänglichkeit» – träfe es vielleicht am besten.

Scott endet seine Briefe häufig mit «with dearest love» – «sehr liebevoll». Er läßt sie nicht im unklaren über seine – und damit ihre – finanzielle Situation. Viel hänge davon ab, schreibt er ihr im Juni 1940, wie sein Produzent mit der Verfilmung von «Babylon Revisited» vorankomme, eine seiner besten, «dunkelsten» Stories, für die er das Skript verfaßt. Und dann wieder: «Vor zwanzig Jahren war ‹This Side of Paradise› ein Bestseller, und wir hatten uns in Westport angesiedelt. Zehn Jahre später feierte Paris seine so gut wie letzte amerikanische Saison, aber wir hatten die fröhliche Parade hinter uns gelassen, und du warst in der Schweiz. Vor fünf Jahren hatte ich meine erste schlimme Krankheitssträhne und ging nach Ashville. Viel zu früh waren die Karten schlecht für uns gemischt. Die Welt hat uns darin sicherlich eingeholt. Ich hoffe, die Atmosphäre in Montgomery ist ruhig und es wird nicht zuviel über Krieg geredet.» Und in einem gleichzeitigen Brief an Scottie erwähnt er in einem PS, daß Gloria (die Heldin in «The Beautiful and Damned») ihm viel trivialer geraten sei als ihre Mutter, das Vorbild. Er habe ihre Schönheit wiedergegeben und ihre Art zu sprechen und viele Vorkommnisse aus ihrer beider frühem Eheleben verwendet. Aber: «Es ging uns viel besser als Anthony und Gloria.»

Offenbar findet stillschweigend eine Revision seiner empörten und empörenden Ausbrüche nach Zeldas Erkrankung statt. Hat ihm die endgültige Distanz zu ihr eine bessere Einsicht gebracht oder ist die mutmaßliche Rivalin nun «hors de concours»?

In einem Brief an die Freunde Gerald und Sara Murphy, in dem er das schwierige letzte Jahr zusammenfaßt und eine leichte Intensivierung seiner Arbeit meldet, gibt es eine Beschreibung Zeldas, wie er sie wohl meistens sieht, seine Invalidin: «Sie führt ein armes mitleiderregendes Leben, liest die Bibel auf die alte Art und geht korrekt und mit fest geschlossenen Lippen durch eine Welt, die sie nicht mehr versteht ... ein Teil ihres Bewußtseins ist wie ausgelöscht und so ist sie jemand, den ich nie gekannt habe ...»

Immerhin: Diese «Unbekannte» läßt er teilnehmen am Fortgang seiner Romanarbeit und an den Mißlichkeiten in Hollywood. Sie würde, wenn sie die Leute da kennte, «ohne Worte» verstehen, wie schwierig es sei, auch nur einigermaßen höflich zu bleiben. Vertrautes wortloses Einverständnis. Er hoffe, seinen Roman in etwa zwei Monaten zu Ende zu bringen, schreibt er ihr im Oktober 1940. «Ich nehme nicht an, daß irgend jemand besonders interessiert ist an dem, was ich diesmal zu sagen habe, und es könnte mein letzter Roman sein, aber ich muß ihn jetzt schreiben, denn nach fünfzig ist man ein anderer.» Kurz zuvor ist in einem Brief an Gerald Murphy die Rede von einer «gewissen Lebenslust» und einer «Wiedergeburt kinetischer Impulse». «Ich bin tief in meinen Roman versunken, lebe in ihm, und es macht mich glücklich», läßt er Zelda wissen.

In den ausführlichen Notizen zu «The Last Tycoon» finden sich folgende Zeilen, die den amerikanischen Traum noch einmal evozieren: «Ich denke, es ist die schönste Geschichte der Welt. Es ist die Geschichte von mir und meinen Leuten ... Es ist die Geschichte aller Hoffnung – es ist nicht nur der American Dream, sondern ein Menschheitstraum, und auch wenn ich ganz am Ende dieser Geschichte erschiene, so hätte ich immer noch einen Platz in der Reihe der Pioniere.» Er akzeptiert sich und seinen Helden als heroischen Anachronismus. Der «romantische Egoist», der «idealistische Individualist» erweist sich als gläubiger Anhänger der Utopie, die Amerika heißt.

Der Roman wird nicht zu Ende geführt. Scotts Tage sind gezählt. Er scheint es zu spüren, trotz der immer wieder geäußerten Hoffnung, den Roman noch in diesem Jahr zu beenden. Er versichert sich der nächsten Freunde. Er schreibt einen langen Brief an «Bunny» Edmund Wilson und einen sehr freundschaftlichen an Ernest Hemingway zu dessen neuem Roman «For Whom the Bell Tolls», den dieser ihm mit der Inschrift «für Scott in Zuneigung und Hochachtung» geschickt hatte.

(Was ihn nicht hindern wird, das 1941 postum erscheinende, von Wilson herausgegebene Romanfragment Perkins gegenüber vernichtend abzuurteilen. Damit steht er allerdings allein unter den Kritikern.)

In einer seiner letzten Nachrichten an Zelda vom 6. Dezember ist wieder vor allem die Rede von seiner Arbeit am

Buch und von seinem Ärger über die «kleine Krankheit», eine Herzattacke, die sie unterbrochen hat. Am 13. Dezember schreibt er, diesmal guten Glaubens, an Perkins: «Der Roman macht Fortschritte, sogar rasche Fortschritte. Ich werde jetzt nicht aufhören, bis ich die erste Fassung – kurz nach dem 15. Januar – beendet habe. Aber laß uns bis kurz vor dem Abschluß so tun, als gäbe es ihn nicht. Wir wollen ja nicht, daß er, wie einst ‹Tender is the Night›, zur Legende wird, ehe er wirklich geschrieben ist.» Sein letzter Brief an Scottie, die inzwischen zu seiner literarischen Gesprächspartnerin geworden ist, datiert vom 15. Dezember 1940. «Du hast an Deinen beiden Eltern zwei ganz schön schlechte Beispiele. Tu ganz einfach alles, was wir nicht getan haben, dann gehst Du ganz sicher», empfiehlt er ihr.

Fünf Tage später stirbt Scott Fitzgerald an Herzversagen. Er ist vierundvierzig Jahre alt.

Es ist dann doch noch ein «Tod in Hollywood»: Rosig geschminkt, aber mit den dünnen faltigen Händen eines alten Mannes liegt er, sehr einsam, in der Leichenhalle eines minderen Stadtteils von Los Angeles. Nur wenige suchen ihn auf, unter ihnen Dorothy Parker, die wie er zu den Begabten, Couragierten und vom Alkohol Geschlagenen gehört. «Armer Hund!» ruft sie ihm nach, wie es dem Großen Gatsby nachgerufen wurde. Zu dieser Stunde ist er es vielleicht. Aber in den fünfziger und sechziger Jahren verschwindet in der allgemeinen Vorstellung der kaputte Trinker mehr und mehr hinter dem hervorragenden Schilderer seiner Epoche; seine Bücher erzielen Millionenauflagen. Er wird zum «Klassiker» der Moderne, der «Gatsby» – inzwischen auch bei uns – zur reichkommentierten Schullektüre.

Zelda verwirrt sein Tod derart, daß sie nicht zum Begräbnis fahren kann. Sheilah, Scotts letzte Lebensgefährtin, hält sich rücksichtsvoll fern. Außer Scottie sind nur die engsten Freunde zur Stelle.

Im November 1947 ist Zelda Fitzgerald wieder im Highland Hospital in Ashville. Sie wird erneut mit Insulinschocks behandelt. Dr. Caroll, der Arzt, der sie so lange behandelt hat, leitet die Klinik nicht mehr.

Am 10. März 1948 bricht ein Brand in der Küche des Hospitals aus und verbreitet sich rasch bis in das obere Stockwerk, wo die Patientenschlafräume sind. Neun Patientinnen kommen ums Leben, unter ihnen Zelda. Ihr Leichnam ist schwer zu identifizieren. Warum sie sich nicht retten konnte, bleibt unklar. Ihr Zustand hätte es zugelassen. Um das Ereignis bilden sich bald Gerüchte: die Patienten seien in Räumen mit vergitterten Fenstern eingesperrt gewesen. Die Feuersicherung war jedenfalls veraltet. Eine Sprinkleranlage gab es nicht.

Zelda war schon als Kind – bis zur Pyromanie – vom Feuer fasziniert, das sie am Ende verzehrte. Von ihrem letzten Abschied aus Montgomery wird berichtet, sie sei nochmals umgekehrt, um ihrer Mutter zu sagen, sie fürchte sich nicht vor dem Tode. Unsägliche Wahrheit – tröstliche Legende?

In den acht Jahren, die Zelda Scott überlebt hat, änderte sich der äußere Hergang ihres Lebens kaum. Mehrfach – 1943, 1946 und zuletzt 1947 – geht sie für längere Zeit ins Highland Hospital nach Ashville. Immer wieder einmal wird sie in Montgomery von interessierten jungen Leuten aufgesucht, die sie nach Scott Fitzgerald befragen. Zelda gibt, so ist Briefen, persönlichen Berichten und Biographien zu entnehmen, bereitwillig und sachkundig Auskunft. Keine persönlichen Ausbrüche, keine späte Anklage, keine Witwenressentiments. Aber sie fühlt sich um den für und über ihr Leben entscheidenden Menschen gebracht: um ihren Widerpart im Guten wie im Bösen. Und sie vermißt ihn. Auch das gehört zu den Verschlungenheiten dieser Paar-Geschichte.

In ihrer Nachrede zu Scott Fitzgeralds Tod nimmt sie sich die Freiheit, ihr frühes Bild von ihm zu korrigieren und ihn,

Der Grabstein, der die Getrennten 1975, auf Betreiben der Tochter Scottie, endlich und namentlich vereint.

jenseits aller witzigen Ironie oder sarkastischen Erkenntnis seiner Schwächen, neu zu sehen: ihm gerecht zu werden. Der Ton ist anerkennend, ja bewundernd. (Diese Seiten sollten zusammen mit anderen Erinnerungen 1941 in *The New Republic* erscheinen, wurden aber nicht verwendet und erst 1974 im *Fitzgerald/Hemingway Annual* publiziert.)

Der Text, in dem sie noch einmal die Epoche evoziert, die Fitzgeralds Schauplatz und Tätigkeitsfeld war, ist mit Gedanken, Bildern, Assoziationen befrachtet, aber frei von dem peinlichen Allesverzeihen mancher Nachrufe. Es sind nicht mehr die «Roaring Twenties», in denen sie beide so hingerissen ihre fragwürdigen Rollen spielten. Sie erkennt die schwerbelastete Herkunft des Jahrzehnts aus einem vernichtenden Krieg, der für sie zur Katastrophenszene kosmischen Ausmaßes wird, aber sie benennt auch die «vergoldeten Hoffnungen eines Zeitalters voller Protest».

Und F. Scott Fitzgerald ist «der Prophet, der dazu berufen war, diese bedeutungsvollen und bedenklichen Umstände aufzuklären und festzuhalten.»

Aus diesem widersprüchlichen Stoff habe er «seine tragischen Geschichten» gemacht, die «Sagas von Menschen, die dem Leben einen neuen, angemessenen Rhythmus mit mehr Mitgefühl aufzwingen wollten. Seine Maßstäbe waren bitter und ironisch, außergewöhnlich und ermutigend – so wie das Leben selbst ... In seinem Schreiben verlieh er diesem Leben einen poetisch-tragischen Glanz und bot eine Versöhnung an mit der alltäglichen Tragödie.» Und sie fügt hinzu: «Rest in peace.»

Der alte Wunsch für die Toten erfüllte sich in Fitzgeralds Falle erst auf Umwegen. Seine erste Grabstätte auf dem interkonfessionellen Friedhof von Rockville bei Washington, der auch fragwürdige Tote aufnahm, war so vorläufig wie die meisten seiner irdischen Bleiben. Die katholische Kirche hatte ihm als lauem Katholiken und Verfasser «frivoler» Bücher das Grab in St. Mary's Church Cemetary in der Reihe seiner kolonialen Vorfahren verweigert. Und gerade diese Herkunft war ihm immer so wichtig gewesen. Durch die Bemühungen der Tochter Scottie Fitzgerald Lanahan Smith (die auch den nachträglichen Ahnennachweis führte), des Freundes John Biggs aus Princeton-Tagen (der Richter und also eine Stimme von öffentlichem Gewicht war), und einer kleinen Gruppe Interessierter gelang es schließlich 1975 Scott und Zelda nach St. Mary's Church zu überführen.

Auf dem Grabstein stehen beide Namen: F. Scott Fitzgerald und Zelda Sayre. Die Getrennten endlich vereint? Das versöhnliche Bild erscheint gewagt. Vielleicht ließe sich vorsichtiger daraus lesen: zwei Unvereinbare, deren Verbindung sich nie auflöste.

Die Grabinschrift ist der letzte Satz aus dem «Großen Gatsby». Sie gilt für beide: «So regen wir die Ruder, stemmen uns gegen den Strom – und treiben doch stetig zurück, dem Vergangenen zu.»

Literaturhinweise

Werke von F. Scott Fitzgerald in englischen und amerikanischen Buchausgaben:

The Cambridge Edition of Works of F. Scott Fitzgerald, ed. Matthew J. Bruccoli, 1991 ff

The Bodley Head Edition of Works of F. Scott Fitzgerald, 6 Bde., 1959 ff

Die Romane und Stories sind (letztere in immer wieder neuen Zusammenstellungen) in verschiedenen Ausgaben erschienen. Die handlichsten finden sich bei Penguin Books. Erstausgaben, alle bei Charles Scribner's Sons, New York:

This Side of Paradise, 1920

Flappers and Philosophers, 1920

The Beautiful and Damned, 1922

Tales of the Jazz-Age, 1922

The Great Gatsby, 1925

All the Sad Young Men, 1926

Tender is the Night, 1934

Taps at Reveille, 1935

The Last Tycoon (unvollendet), 1941

The Crack-Up, Autographical pieces, ed. Edmund Wilson, New York 1945

Afternoon of the Author, stories and essays, ed. Arthur Mizener, New York 1958

Bits of Paradise, stories (including ten stories by Zelda Fitzgerald), ed. M. J. Bruccoli and Scottie Fitzgerald Smith, London 1973, New York 1974

In his Own Time. A. Miscellany (poems, lyrics, letters, articles and interviews), ed. M. J. Bruccoli/Jackson R. Bryer, Kent University Press 1971

The Thoughtbook of Frances Scott Key Fitzgerald, ed. Andrew Turnbull, Princeton 1965

The Notebooks of F. Scott Fitzgerald, ed. M. J. Bruccoli, New York and London 1978

Ledger, a facsimile print, introduction M. J. Bruccoli, Washington 1972

The Romantic Egotists. A Pictorial Autobiographie, eds. M. J. Bruccoli, Scottie Fitzgerald Smith, Joan P. Kerr, New York 1974

Dear Scott, dear Max. The Fitzgerald-Perkins Correspondence, ed. John Kuehl, Jackson R. Bryer, New York 1971

As Ever, Scott-Fitz. Letters between F. Scott Fitzgerald and his Literary Agent Harold Ober, 1919–1940, eds. M. J. Bruccoli/J. Mc. Cabe Attkinson, London 1973

Matthew J. Bruccoli (ed.), Correspondence of F. Scott Fitzgerald. Annotated by Maryant & M. Duggan & Susan Walter, New York 1985

Matthew J. Bruccoli (ed.), A Life in Letters – F. Scott Fitzgerald, New York 1995

Verfilmungen

The Great Gatsby, USA 1926, Regie H. Brenon; USA 1949, Regie E. Nugent; USA 1975, Regie J. Clayton

Babylon Revisited (The Last time I Saw Paris) USA 1954, Regie R. Brooks

Tender Is The Night, USA 1961, Regie H. King

The Last Tycoon, USA 1976, Regie Elia Kazan

Biographien, Porträts, Memoiren

Malcolm Cowley, A Second Flowering – Works and Days of the Lost Generation, New York 1956

Moley Callaghan, That Summer in Paris, New York 1963

Artur Mizener, The Far Side of Paradise. Biography of F. Scott Fitzgerald, 2. Aufl. Boston 1965

Aaron Latham, Crazy Sunday – Fitzgerald in Hollywood, New York 1970

Tony Buttitta, After the Good Gay Times, New York 1974

Edmund Wilson, The Twenties. From Notebooks and Diaries of the Period. Ed. with Introduction by Leon Edel, New York 1975

Thomas J. Stavola, Scott Fitzgerald – Crisis in an American Identity, New York 1979

J. R. Mellow, Invented Lives: F. S. and Zelda Fitzgerald, Boston 1984

Matthew J. Bruccoli, Some Sort of Epic Grandeur. The Life of F. Scott Fitzgerald, New York 1991

Linda Patterson Miller, Letters from the Lost Generation – Gerald and Sara Murphy and Friends, Brunswick and London 1991

Jeffrey Meyers, F. Scott Fitzgerald. A Biography, New York 1994

Matthew J. Bruccoli, Fitzgerald and Hemingway – A Dangerous Friendship, New York 1994

Literatur von und über Zelda Fitzgerald

Zelda Fitzgerald, Save me the Waltz. A Novel, New York 1932
Zelda Fitzgerald, The Collected Writings (Including Stories, Articles and Some Letters to F. Scott Fitzgerald), ed. M. J. Bruccoli, New York 1991
Nancy Milford, Zelda. A Biography, New York 1970
Kuola Souokos Hartnett, Zelda Fitzgerald and The Failure of the American Dream for Women, New York 1991
Sara Mayfield, Exiles From Paradise – Zelda and F. Scott Fitzgerald, New York 1991

Deutschsprachige Ausgaben

[Alle Zitate des vorliegenden Buches aus deutsch noch nicht veröffentlichten Korrespondenzen, Essays, Interviews, Kritiken, autobiographischen Stücken und Gesprächen wurden von der Autorin eigens für diesen Band übersetzt]
Der große Gatsby. Deutsch von Walter Schürenberg, durchges. Aufl., Diogenes Verlag Zürich 1994 (die deutsche Erstausgabe bei Blanvalet, Berlin 1953, ist vergriffen)
Der letzte Taikun. Deutsch von Walter Schürenberg (mit der Einführung des Herausgebers der amerikanischen Erstausgabe, Edmund Wilson, sowie mit Entwürfen für den unvollendeten, letzten Roman), Diogenes Verlag, Zürich 1972
Zärtlich ist die Nacht. Deutsch von Walter E. Richartz und Hanna Neves, Diogenes Verlag, Zürich 1982
Diesseits vom Paradies. Deutsch von Martina Tichy und Bettina Blumenberg, Arche Verlag, Zürich 1988
Die Schönen und Verdammten. Deutsch von Hans Christian Oeser. Mit einem Nachwort von Kyra Stromberg. Diogenes Verlag, Zürich, 1998
Die Schönen und Verdammten. Deutsch von Renate Orth-Guttmann. Manesse Verlag, Zürich 1998

Die Short Stories gibt es im Zürcher Diogenes Verlag in verschiedenen, sich gelegentlich überschneidenden Ausgaben:
Ein Diamant so groß wie das Ritz, 1980 (zwanziger Jahre)
Der gefangene Schatten, 1980 (späte zwanziger Jahre)
Wiedersehn mit Babylon, 1980 (dreißiger Jahre)
Die letzte Schöne des Südens, 1980 (Mitte der zwanziger bis Mitte der dreißiger Jahre)
Der Rest von Glück, 1980 (frühe zwanziger Jahre)

Das Liebesschiff (zwanziger Jahre)

Der ungedeckte Scheck, 1985 (dreißiger Jahre)

Meistererzählungen. Ausgewählt und mit einem Nachwort versehen von Elisabeth Schnack, 1988 (zwanziger bis Ende der dreißiger Jahre)

Übersetzt von: Elga Abramowitz, Anna von Cramer-Klett, Günter Eichel, Christina Holz, Walter E. Richartz, Harry Rowohlt, Walter Schürenberg

Zelda Fitzgerald, Schenk mir einen Walzer. Deutsch und mit einem Vorwort versehen von Anita Eichholz, Frankfurt/M. 1984

Biographisches

Weder eine umfassende deutsche noch eine aus dem Amerikanischen übersetzte Biographie von Scott Fitzgerald ist lieferbar. Die erwähnte über Zelda von Nancy Milford ist vergriffen – eine fühlbare Lücke. Neuere Arbeiten zu Zelda liegen vor von:

Judith Lewis Herman, Die Narben der Gewalt. Traumatische Erfahrungen verstehen und überwinden, München 1994

Gerda Marko, Schreibende Paare, Düsseldorf 1995

«Frauen und Wahnsinn». In: Freiburger Frauenstudien, Jg. 1 (1995)

Susanne Gretter, Zelda Fitzgerald – etwas Eigenes. In: «Wahnsinnsfrauen» Bd. 2, hg. von Sybille Duda und Luise F. Pusch, Frankfurt/M. 1996

Eine neuere psychiatrische Fallgeschichte Zelda Fitzgeralds, unter Verwendung aller vorliegenden Befunde und Klinikberichte, gibt es meines Wissens bislang nicht

Zum allgemeinen Zeithintergrund

Gertrude Stein, Paris – Frankreich. Persönliche Erinnerungen, Frankfurt/M. 1968

Studs Terkel, Der große Krach. Die Geschichte der amerikanischen Depression, ausgewählt und eingeleitet von Dieter Hildebrandt, Frankfurt/M. 1992

Sylvia Beach, Shakespeare & Company. Ein Buchladen in Paris. Deutsch von Lily v. Sauter, Frankfurt/M. 1982

Erich Angermann, Die Vereinigten Staaten von Amerika seit 1917, in: Weltgeschichte des 20. Jahrhunderts, hg. von Martin Broszat und Helmut Heiber, 8. durchges. Aufl., München 1987

Ernest Hemingway, Paris – ein Fest fürs Leben. Deutsch von A. Horschitz-Horst, Reinbek 1987

Andrea Weiss, Paris war eine Frau – Die Frauen von der Left Bank, Ebersbach 1996

Bildnachweis

Archiv Kyra Stromberg: S. 124
Ullstein Bilderdienst, Berlin: S. 73, 117

Publikationen

Tony Allan, The Glamour Years. Paris 1919–1940. Bison Books, London
    1972: S. 112
Jeffrey Meyers, F. Scott Fitzgerald. A Biography. Harper Collins Publishers,
    New York 1994: S. 64, 161
Arthur Mizener, Scott Fitzgerald and His World. Thames and Hudson,
    London 1972: S. 16, 21, 33, 37, 50, 69, 76, 83, 88, 101, 127, 146, 151, 177,
    184
Ernest R. Sandeen, St. Paul's Historic Summit Avenue. Living Historical
    Museum, Macalester College, St. Paul, Minnesota: S. 57

Danksagung

Ich danke: allen meinen Freunden, die auf verschiedene Weise diese
Arbeit beflügelt und erleichtert haben; Frau Frauke Wrba, Leiterin der
Bibliothek des englischen Seminars an der Universität Freiburg; Frau
Ingrid Schwalbe, Bibliotheksleiterin des John F. Kennedy Instituts der FU
Berlin; Ms Margaret Sherry, Reference Librarian/Archivist, Rare Books
and Special Collections, Princeton Libraries, für anhaltendes Verständnis,
zahlreiche Hinweise und kundigen Rat; allen hilfreichen Mitarbeitern am
Fitzgerald Museum in Montgomery, Alabama, und am Living History
Museum in St. Paul, Minnesota; ferner den Mitarbeitern der Walthari-
buchhandlung, Freiburg, für ihre unermüdliche Bereitschaft zu Auskünf-
ten, der geduldigen Abschreiberin des Manuskripts, Frau Gudula Diesch,
Computersatz, Freiburg, und allen, die ich hier vergessen haben sollte.
Kyra Stromberg